LES
ATROCITÉS ALLEMANDES
EN FRANCE

RAPPORT

PRÉSENTÉ

A M. LE PRÉSIDENT DU CONSEIL

PAR LA

Commission instituée en vue de constater les actes commis par l'ennemi en violation du droit des gens

(Décret du 23 septembre 1914)

Extrait du Journal Officiel de la République Française du 8 Janvier 1915

PARIS

IMPRIMERIE DES JOURNAUX OFFICIELS

31, QUAI VOLTAIRE, 31

—

1915

Prix : 5 centimes.

Extrait du Journal Officiel *de la République Française du 8 Janvier 1915*

LES ATROCITÉS ALLEMANDES EN FRANCE

RAPPORT

PRÉSENTÉ A M. LE PRÉSIDENT DU CONSEIL

PAR LA

Commission instituée en vue de constater les actes commis par l'ennemi en violation du droit des gens

(Décret du 23 septembre 1914)

MM. Georges Payelle, premier président de la cour des comptes; Armand Mollard, ministre plénipotentiaire; Georges Maringer, conseiller d'Etat, et Edmond Paillot, conseiller à la cour de cassation, à M. le président du conseil des ministres.

Monsieur le président du conseil,

Chargés, en vertu d'un décret du 23 septembre dernier, d'aller procéder sur place à une enquête, relativement aux actes commis en violation du droit des gens, dans les parties du territoire français que l'ennemi a occupées, et qui ont été reconquises par les armées de la République, nous avons l'honneur de vous rendre compte des premiers résultats de notre mission.

Nous vous apportons déjà, monsieur le président, une ample moisson de renseignements. Elle ne comprend, cependant, qu'une part assez restreinte des constatations que nous aurions pu faire, si nous n'avions soumis à une critique sévère et à un contrôle rigoureux chacun des éléments d'information qui se sont présentés à notre examen. Nous n'avons cru devoir, en effet, retenir que les faits qui, irréfragablement établis, constituaient d'une façon certaine des abus criminels nettement caractérisés, négligeant ceux dont les preuves étaient insuffisantes à nos yeux, ou qui, si dommageables ou si cruels qu'ils fussent, pouvaient avoir été la conséquence d'actes de guerre proprement dits, plutôt que d'excès volontaires, imputables à l'ennemi.

Dans ces conditions, nous avons la ferme assurance qu'aucun des incidents dont nous avons fait état ne saurait être discuté de bonne foi. La preuve de chacun d'eux, d'ailleurs, ne résulte pas seulement de nos observations personnelles; elle se fonde principalement sur des documents photographiques et sur de nombreux témoignages reçus en la forme judiciaire, avec la garantie du serment.

La tâche à laquelle nous nous sommes appliqués tous les quatre, dans une étroite communauté d'impressions et de sentiments, nous a paru souvent pénible, devant les spectacles lamentables que nous avons eus sous les yeux. Elle eût été vraiment trop douloureuse, si nous n'avions trouvé un puissant réconfort dans la vue des troupes merveilleuses que nous avons rencontrées sur le front, dans l'accueil des chefs militaires, dont le bienveillant concours ne nous a jamais fait défaut, et dans l'aspect des populations admirables qui supportent avec la résignation la plus digne, des calamités sans précédent. Dans les régions que nous avons traversées, et notamment dans ce pays de Lorraine qui fut si fréquemment victime des fléaux de la guerre, nous n'avons entendu ni une sollicitation, ni une plainte; et pourtant, les misères affreuses dont nous avons été les témoins dépassent en étendue et en horreur ce que l'imagination peut concevoir. De tous côtés, le regard se pose sur des décombres; des villages entiers ont été détruits par la canonnade ou par le feu; des villes autrefois pleines de vie ne sont plus que des déserts remplis de ruines; et quand on visite les lieux désolés où la torche de l'envahisseur a fait son œuvre, on a continuellement l'illusion de marcher parmi les vestiges d'une de ces cités antiques que les grands cataclysmes de la nature ont anéanties.

On peut dire, en effet, que jamais une guerre entre nations civilisées n'a eu le caractère sauvage et féroce de celle qui est en ce moment portée sur notre sol par un adversaire implacable. Le pillage, le viol, l'incendie et le meurtre sont de pratique courante chez nos ennemis; et les faits qui nous ont été journellement révélés, en même temps qu'ils constituent de véritables crimes de droit commun, punis par les codes de tous les pays des peines les plus sévères et les plus infamantes, accusent dans la mentalité allemande, depuis 1870, une étonnante régression.

Les attentats contre les femmes et les jeunes filles ont été d'une fréquence inouïe. Nous en avons établi un grand nombre, qui ne représente qu'une quantité infime auprès de ceux que nous aurions pu relever; mais, par un sentiment très respectable, les victimes de ces actes odieux se refusent généralement à les révéler. Il en aurait été moins commis, sans doute, si les chefs d'une armée dont la discipline est des plus rigoureuses, s'étaient inquiétés de les prévenir; on peut toutefois, à la rigueur, ne les considérer que comme les actes individuels et spontanés de brutes déchaînées; mais il n'en est pas de même de l'incendie, du vol et de l'assassinat; le commandement, jusque dans ses personnifications les plus hautes, en portera, devant l'humanité, la responsabilité écrasante.

Dans la plupart des endroits où nous avons fait notre enquête, nous avons pu nous rendre compte que l'armée allemande professe un façon constante le mépris le plus complet de la vie humaine, que ses soldats et même ses chefs ne se font pas faute d'achever les blessés, qu'ils tuent sans pitié les habitants inoffensifs des territoires qu'ils envahissent, et qu'ils n'épargnent, dans leur rage homicide, ni les femmes, ni les vieillards, ni les enfants. Les fusillades de Lunéville, de Gerbéviller, de Nomeny et de Senlis en sont des exemples terrifiants; et vous lirez au cours de ce

rapport, le récit de scènes de carnage auxquelles des officiers eux-mêmes n'ont pas eu honte de prendre part.

L'esprit se refuse à croire que toutes ces tueries aient eu lieu sans raison. Il en est pourtant ainsi. Les Allemands, il est vrai, en ont toujours donné le même prétexte, en prétendant que des civils avaient commencé par tirer sur eux. Cette allégation est mensongère, et ceux qui l'ont produite ont été impuissants à la rendre vraisemblable, même en tirant des coups de fusil dans le voisinage des habitations, comme ils ont l'habitude de le faire pour pouvoir affirmer qu'ils ont été attaqués par les populations innocentes dont ils ont résolu la ruine ou le massacre. Nous en avons maintes fois recueilli les preuves ; en voici une, entre bien d'autres : un soir, une détonation ayant retenti pendant que M. l'abbé Colin, curé de Croismare, se trouvait auprès d'un officier, celui-ci s'écria : « Monsieur le curé, en voilà assez pour vous faire fusiller ainsi que le bourgmestre, et pour faire brûler une ferme. Tenez, en voici une qui brûle ». — « Monsieur l'officier, répondit le prêtre, vous êtes trop intelligent pour ne pas reconnaître le bruit sec de votre fusil. Pour moi, je le reconnais ». L'Allemand n'insista pas.

De même que la vie humaine, la liberté des gens est, de la part de l'autorité militaire allemande, l'objet d'un absolu dédain. Presque partout, des citoyens de tout âge ont été arrachés à leurs foyers et emmenés en captivité. Beaucoup sont morts ou ont été tués en route.

Plus encore que le meurtre, l'incendie est un des procédés usuels de nos adversaires. Il est couramment employé par eux, soit comme élément de dévastation systématique, soit comme moyen d'intimidation. L'armée allemande, pour y pourvoir, possède un véritable matériel, qui comprend des torches, des grenades, des fusées, des pompes à pétrole, des baguettes de matière fusante, enfin des sachets contenant des pastilles composées d'une poudre comprimée très inflammable. Sa fureur incendiaire s'affirme principalement contre les églises, et contre les monuments qui présentent un intérêt d'art ou de souvenir.

Dans les départements que nous avons parcourus, des milliers de maisons ont été brûlées ; mais nous n'avons constaté par procès-verbaux d'enquête que les incendies allumés dans une intention exclusivement criminelle, et nous n'avons pas cru devoir mentionner ceux qui, comme à Villotte-devant-Louppy, à Rembercourt, à Mognéville, à Amblaincourt, à Pretz, à Louppy-le-Château, etc., ont été occasionnés par des obus, au cours de combats violents, ou sont dus à des causes qu'il n'a pas été possible de déterminer d'une façon tout à fait certaine. Les quelques habitants qui sont restés au milieu des ruines, nous ont fait, d'ailleurs, à cet égard, des déclarations pleines de loyauté.

En ce qui concerne le vol, nos constatations ont été incessantes, et nous n'hésitons pas à dire que partout où une troupe ennemie a passé, elle s'est livrée, en présence de ses chefs, et souvent même avec leur participation, à un pillage méthodiquement organisé. Les caves ont été vidées jusqu'à la dernière bouteille, des coffres-forts ont été éventrés, des sommes considérables ont été dérobées ou extorquées ; une grande quantité d'argenterie et de bijoux, ainsi que des tableaux, des meubles, des objets d'art, du linge, des bicyclettes, des robes de femme, des machines à coudre, et jusqu'à des jouets d'enfants, après avoir été enlevés ont été placés sur des voitures, pour être dirigés vers la frontière.

Contre toutes les exactions, de même que contre tous les crimes, il n'y avait aucun recours ; et si quelque malheureux habitant osait supplier un officier de vouloir bien intervenir pour épargner une vie, ou pour protéger des biens, il ne recevait d'autre réponse, quand il n'était pas accueilli par des menaces, qu'une invariable formule, accompagnée d'un sourire, et mettant sur le compte des fatalités inévitables de la guerre les abominations les plus cruelles.

SEINE-ET-MARNE

Ainsi que vous l'a appris déjà la lecture des procès-verbaux dont nous vous avons remis antérieurement des copies, c'est dans le département de Seine-et-Marne que nous nous sommes transportés en premier lieu. Nous y avons recueilli, à la charge de l'armée ennemie, les preuves de nombreux abus des droits de la guerre, et de crimes de droit commun dont certains présentent un caractère de gravité considérable.

A Chauconin, les Allemands ont mis le feu à cinq maisons d'habitation et à six bâtiments d'exploitation agricole, à l'aide de grenades qu'ils jetaient sur les toits, et de bâtons de résine qu'ils plaçaient sous les portes. Au sieur Lagrange, qui lui demandait la raison de pareils actes, un officier répondit simplement : « C'est la guerre » ; puis il enjoignit à cet homme de lui indiquer l'emplacement d'une propriété connue sous le nom de ferme Profût. Quelques instants après, les bâtiments de cette ferme étaient en flammes.

A Congis, une troupe ennemie s'apprêtait à brûler une vingtaine de maisons dans lesquelles elle avait jeté de la paille et répandu du pétrole, quand l'arrivée d'un détachement français l'empêcha d'exécuter ce projet.

A Penchard, où trois maisons ont été incendiées, la dame Marius René a vu un soldat muni d'une torche qui, engagée dans son ceinturon, paraissait faire partie de son fourniment.

A Barcy, un officier et un soldat ont pénétré dans la mairie et, après avoir pris toutes les couvertures de l'instituteur, ont mis le feu à la salle des archives.

A Douy-la-Ramée, les Allemands ont incendié un moulin sur la situation duquel ils avaient demandé des renseignements dans les environs. Un ouvrier âgé de soixante-

six ans faillit être précipité dans le brasier. En se débattant violemment et en se cramponnant à un mur, il put éviter le sort dont il était menacé. Enfin, à Courtacon, l'ennemi, après avoir exigé que les habitants lui fournissent des allumettes et des fagots, a arrosé de pétrole un grand nombre de maisons et allumé l'incendie. Le village, dont une grande partie est en ruines, présente un aspect lamentable.

A côté de ces attentats contre les propriétés, nous avons eu à relever en Seine-et-Marne plusieurs actes graves contre les personnes.

Au commencement de septembre, un cavalier allemand se présenta un jour, vers cinq heures de l'après-midi, chez le sieur Laforest, à May-en-Multien, et lui demanda à boire. Celui-ci s'empressa d'aller tirer du vin à son tonneau, mais le soldat, mécontent sans doute de n'être pas servi assez vite, déchargea son fusil sur la femme de son hôte, qui fut grièvement blessée. Conduite à Lizy-sur-Ourcq, Mme Laforest y reçut les soins d'un médecin allemand et dut subir l'amputation du bras gauche. Elle est morte récemment à l'hôpital de Meaux.

Le 8 septembre, dix-huit habitants de Varreddes, parmi lesquels se trouvait le curé, ont été arrêtés sans motif et emmenés par l'ennemi. Trois d'entre eux ont pu s'évader. Aucun des autres n'était encore revenu le 30 septembre, jour de notre transport. D'après les renseignements recueillis, trois de ces honorables auraient été massacrés. En tout cas, la mort de l'un des plus âgés, le sieur Jourdain, vieillard de soixante-treize ans, est certaine. Traîné jusqu'au village de Coulombs, et ne pouvant plus marcher, le malheureux fut frappé d'un coup de baïonnette au front et d'un coup de revolver au cœur.

Vers la même époque, un homme de soixante-six ans, nommé Dalissier, et demeurant à Congis, a été sommé par des Allemands de leur remettre son porte-monnaie. Comme il ne pouvait donner d'argent, il fut ligoté avec une longe de bestiaux, et impitoyablement fusillé. On a constaté sur son cadavre les traces d'une quinzaine de balles.

Le 3 septembre, à Mary-sur-Marne, le sieur Mathe, effrayé par l'arrivée des troupes allemandes, alla se dissimuler sous le comptoir d'un débit de boissons. Découvert dans sa cachette, il fut tué d'un coup de couteau ou de baïonnette à la poitrine.

A Sancy-les-Provins, le 6 septembre, vers neuf heures du matin, quatre-vingts personnes environ furent arbitrairement arrêtées et enfermées dans une bergerie. Le lendemain, sur l'ordre d'un officier, on en conduisit une trentaine à 5 kilomètres du village, à la grange de Pierrelez, où était installée une ambulance de la Croix-Rouge allemande. Là, un médecin-major ayant adressé quelques paroles à ses blessés, ceux-ci chargèrent aussitôt quatre fusils et deux revolvers, dans une intention qui n'était pas douteuse;

d'ailleurs, un hussard français, blessé au bras et prisonnier, dit au prêtre, en lui demandant l'absolution : « Je vais être fusillé, puis ce sera votre tour. » Après avoir déféré au désir de ce soldat, le curé, déboutonnant sa soutane, alla se placer entre le maire et un autre de ses concitoyens, contre le mur le long duquel étaient alignés les otages ; mais à ce moment survinrent tout à coup deux chasseurs à cheval de l'armée française, et les médecins, avec le personnel de leur ambulance, se rendirent à ces cavaliers, auprès desquels le hussard avait couru se ranger.

Pour démontrer dans cette affaire la responsabilité du haut commandement, il est intéressant de mentionner que l'instituteur de Sancy, alors qu'on allait l'emmener avec les autres, avait obtenu du général von Dutag, qui était logé chez lui, la faveur d'être laissé en liberté.

Le 6 du même mois, après avoir incendié une partie des maisons de Courtacon, une troupe qu'on croit appartenir à la garde impériale, emmena cinq hommes et un enfant de treize ans au milieu des champs, et, pendant toute la durée d'un engagement, les exposa au feu des Français. Sur le territoire de la même commune, un conscrit de la classe 1914, Edmond Rousseau, qui avait été arrêté pour l'unique motif que son âge le désignait comme devant être appelé prochainement sous les drapeaux, fut assassiné dans des conditions tragiques.

Interrogé sur la situation de ce jeune homme, au point de vue militaire, le maire, qui se trouvait au nombre des otages, répondit que Rousseau avait passé au conseil de revision et qu'il avait été reconnu bon pour le service, mais que sa classe n'était pas encore appelée. Les Allemands firent alors déshabiller le prisonnier, pour se rendre compte de son état physique, puis ils lui remirent son pantalon et le fusillèrent à 50 mètres de ses compatriotes.

La ville de Coulommiers a été amplement pillée. De l'argenterie, du linge, des chaussures ont été enlevés, principalement dans les maisons abandonnées, et de nombreuses bicyclettes ont été chargées sur des camions automobiles. L'occupation a duré du 5 au 7 septembre. La veille de leur départ, les Allemands ont arrêté, sans aucun motif, le maire et le procureur de la République, qu'un officier a grossièrement insultés. Les deux magistrats ont été retenus jusqu'au lendemain matin avec le secrétaire de mairie. Auprès du procureur furent placés pendant la nuit des gardiens qui s'évertuèrent à lui persuader, par des propos échangés entre eux, que son exécution était imminente.

On est généralement persuadé, à Coulommiers, que plusieurs femmes de la ville ont été l'objet d'entreprises criminelles, mais un seul attentat de ce genre a été établi de manière certaine. Une femme de ménage, la dame X..., en a été la victime. Un soldat s'étant présenté chez elle, le 6 septembre, vers neuf heures et demie du soir, a éloi-

gné le mari en lui demandant d'aller chercher dans la rue un de ses camarades ; puis, malgré la présence de deux petits enfants, il a essayé de violenter la jeune femme. En entendant les cris de celle-ci, X... rentra précipitamment, mais il fut poussé à coups de crosse dans une chambre contiguë, dont la porte resta ouverte, et sa femme dut subir les derniers outrages. Le viol fut consommé presque sous les yeux du mari, terrorisé, n'osait intervenir et s'efforçait seulement de calmer la frayeur de ses enfants.

La dame X..., à Sancy-les-Provins, et la dame Z..., à Beton-Bazoches, ont été également l'objet de pareilles violences. La première, le revolver sous la gorge, a dû se soumettre aux volontés d'un soldat ; la seconde, malgré sa résistance, a été jetée sur un lit et outragée en présence de sa fillette âgée de trois ans. Les maris de ces deux femmes sont mobilisés depuis le commencement de la guerre.

Le 6 septembre, à Guérard, où deux ouvriers, les nommés Maitrier et Didelot, ont été tués aux avant-postes, l'ennemi s'est emparé de six otages. Un seul a pu s'échapper et revenir dans le pays.

A Mauperthuis, le même jour, quatre Allemands qui étaient déjà venus dans la matinée chez le sieur Roger, s'y présentèrent de nouveau, à deux heures de l'après-midi. « Vous étiez trois ce matin, vous n'êtes plus que deux, sortez ! », dit l'un d'eux. Immédiatement, Roger et un émigré, le sieur Denet, auquel il donnait l'hospitalité, furent saisis et emmenés. Le lendemain, à une extrémité du village, la dame Roger trouva le corps de son mari percé de deux balles. Denet avait été, lui aussi, fusillé. Son cadavre fut découvert, quelque temps après, dans un état de décomposition tel qu'on ne put faire le relevé des blessures que le malheureux avait reçues.

Dans une dépendance de la même commune, le gardien de la ferme de Champbrisset, le sieur Fournier, fut arrêté avec un citoyen belge, nommé Knell. Les Allemands les conduisirent tous deux sur un camion jusqu'à Vaudoy et les massacrèrent. Un habitant de Voinsles, nommé Cartier, subit le même sort. Passant à bicyclette sur une route, à peu de distance de Vaudoy, il fut arrêté par des Allemands qui palpèrent sa musette, dans laquelle était placé un revolver. Cartier, sans aucune résistance, leur remit de lui-même son arme. On lui banda les yeux, et on le fusilla séance tenante.

Le 8 septembre, à Sablonnières, où le pillage fut général, le sieur Delaître, ayant quitté sa maison pendant la bataille, pour se réfugier sous un ponceau, fut découvert dans sa cachette par un soldat allemand qui lui tira cinq coups de fusil. Il succomba dans la journée.

Au même lieu, un sieur Griffaut (Jules), âgé de soixante-six ans, gardait paisiblement ses vaches dans un clos, quand un détachement ennemi passa à 150 mètres de

lui. Un soldat qui se trouvait seul en arrière de la colonne le mit en joue et lui envoya une balle au visage. Il est juste d'ajouter qu'un officier allemand s'occupa de faire panser le blessé par un médecin de son armée, et que Griffaut s'est assez rapidement rétabli.

A Rebais, le 4 septembre, à onze heures du soir, les Allemands, après avoir pillé la bijouterie du sieur Pantereau, et avoir chargé sur un camion les marchandises dont ils s'étaient emparés, mirent le feu à la maison. Ils incendièrent également trois immeubles de la rue de l'Etang, en y jetant de la paille enflammée.

Dans cette petite ville, de graves violences ont été commises. Un sieur Griffaut (Auguste), âgé de soixante dix-neuf ans, a été odieusement brutalisé. Il a reçu de multiples coups de poing sur la tête, et un coup de revolver lui a éraflé le front. On lui a volé sur lui sa montre et son porte-monnaie, contenant 800 fr.

Le même jour, des soldats allemands maltraitèrent la dame X..., âgée de vingt-neuf ans, débitante de boissons, sous prétexte qu'elle devait cacher des militaires anglais. L'ayant déshabillée, ils la gardèrent au milieu d'eux, complètement nue, pendant une heure et demie, dans la salle attachaient à son comptoir, en lui faisant entendre qu'ils allaient la fusiller. Mais ayant été appelés au dehors, sur ces entrefaites, ils se retirèrent en confiant leur victime à la garde d'un soldat alsacien, qui la détacha et lui rendit la liberté.

Le 4 septembre également, d'autres soldats tentèrent de violer la dame X..., âgée de trente-quatre ans, après avoir pillé sa boutique d'épicerie. Irrités de sa résistance, ils essayèrent de la pendre, mais elle put couper la corde, avec son couteau qu'elle trouva ouvert d'uns sa poche. Elle fut alors rouée de coups, jusqu'à l'arrivée d'un officier, qu'un témoin de la scène était allé appeler.

A Saint-Denis-les-Rebais, le 7 septembre, un uhlan obligea la dame X... à se déshabiller, en la menaçant de son fusil, puis il la jeta sur un matelas, et la viola, tandis qu'impuissante à intervenir, la belle-mère de la victime s'efforçait de soustraire son petit-fils, âgé de huit ans, à la vue de cet ignoble spectacle.

Le même jour, au hameau de Marais, commune de Jouy-sur-Morin, les trois filles du sieur X..., âgées de dix-huit ans, de quinze ans et de treize ans, étaient auprès de leur mère malade, quand survinrent deux soldats allemands qui se saisirent de l'aînée, l'entraînèrent dans une pièce voisine, et la violentèrent successivement. Pendant que l'un commettait son attentat, l'autre gardait la porte, et, avec ses armes, tenait en respect la mère affolée.

Le château de ..., sur le territoire de la Ferté-Gaucher, a été le théâtre de faits épouvantables. Là, vivait un vieux rentier, M. X..., avec sa domestique, la démoliselle Y..., âgée de cinquante-quatre ans. Le 5 septembre, plusieurs Allemands, parmi lesquels se trouvait un sous-officier, occupèrent cette propriété. Après s'être fait servir des aliments, le sous-officier proposa à une réfugiée, la femme Z..., de coucher avec lui. Elle s'y refusa, et M. X..., pour la soustraire aux entreprises dont elle était l'objet, l'envoya à sa ferme, située à proximité. L'Allemand courut l'y chercher, la ramena au château et la conduisit au grenier; puis, l'ayant complètement déshabillée, essaya de la posséder. A ce moment, M. X..., voulant la protéger, tira des coups de revolver dans l'escalier. Il fut immédiatement fusillé.

Le sous-officier fit alors sortir la femme Z... du grenier, la contraignit à enjamber le cadavre du vieillard et la mena dans un réduit où il se livra encore vainement sur elle à deux tentatives. L'abandonnant enfin, pour aller se jeter sur la demoiselle Y..., il la remit entre les mains de deux soldats qui, après l'avoir violée, l'une une fois, l'autre deux fois, dans la chambre du mort, lui firent passer la nuit auprès d'eux, dans une grange, où l'un d'eux eut encore, à deux reprises, des rapports sexuels avec elle.

Quant à Mlle Y..., obligée, sous la menace d'un fusil, de se mettre entièrement nue, elle fut violée sur un matelas par le sous-officier, qui la garda jusqu'au matin.

Nous avons noté enfin, d'après les déclarations d'un conseiller municipal de Rebais, que deux cavaliers anglais, surpris et blessés dans cette commune, ont été achevés à coups de fusil par les Allemands, alors qu'ils étaient désarçonnés et que l'un d'eux levait les bras, montrant ainsi qu'il était désarmé.

MARNE

Dans le département de la Marne, comme partout, d'ailleurs, les troupes allemandes se sont livrées à un pillage général, effectué toujours dans des conditions identiques, avec la complicité des chefs. A ce point de vue, les communes d'Heiltz-le-Maurupt, de Suippes, de Marfaux, de Fromentières et d'Esternay, ont particulièrement souffert. Tout ce que l'envahisseur enlevait des maisons était placé sur des camions automobiles ou sur des voitures. A Suippes, notamment, il a emporté de cette manière quantité d'objets divers, entre autres des machines à coudre et des jouets.

Un grand nombre de villages, ainsi que des bourgs importants, ont été incendiés sans motif. Il n'est pas douteux que ces crimes aient été commis par ordre, les détachements s'étant présentés dans les communes avec leurs torches, leurs grenades et leurs engins habituels.

A Lépine, le cultivateur Cagué, qui logeait chez lui deux cyclistes, leur a demandé si les grenades dont il les voyait munis étaient destinées à sa demeure. — « Non, lui fut-il répondu. Fini pour Lépine. » A ce moment, neuf maisons du village étaient consumées.

À Marfaux, dix-neuf immeubles ont été la proie des flammes.

A le Gault-la-Forêt, sept ou huit maisons ont été détruites. La commune de Glannes n'existe pour ainsi dire plus. A Somme-Tourbe, tout le village a été brûlé, à l'exception de la mairie, de l'église et de deux bâtiments privés.

A Auve, la presque totalité du bourg a été anéantie. A Etrepy, soixante-trois ménages, sur soixante-dix, sont sans abri. A Huiron, toutes les maisons, sauf cinq, ont été incendiées. A Sermaize-les-Bains, il n'en reste qu'une quarantaine sur neuf cents. A Bignicourt-sur-Saulx, trente bâtiments sur trente-trois sont en ruines.

Dans le gros bourg de Suippes, dont la plus grande partie a été brûlée, on a vu passer des soldats porteurs de paille et de bidons de pétrole. Pendant que la maison du maire flambait, six sentinelles, baïonnette au canon, avaient la consigne d'en défendre l'accès et de s'opposer à tout secours.

Tous ces incendies, qui ne représentent qu'une faible partie des faits de même nature dont la Marne a été le théâtre, ont été allumés sans qu'on pût imputer aux habitants des localités aujourd'hui plus ou moins complètement détruites, la moindre velléité de rébellion, ni le moindre acte de résistance. Dans quelques villages, les Allemands, avant de mettre le feu, faisaient tirer un coup de fusil par un de leurs soldats, pour pouvoir prétendre ensuite que la population civile les avait attaqués, prétexte d'autant plus absurde qu'il ne restait presque partout, au moment de l'arrivée de l'ennemi, que des vieillards, des infirmes, ou des gens absolument dépourvus de tout moyen d'agression.

De nombreux attentats contre les personnes ont été également commis. Dans la plupart des communes, des otages ont été emmenés; beaucoup d'entre eux n'ont pas reparu. A Sermaize-les-Bains, où les Allemands en ont enlevé environ cent cinquante, quelques-uns ont été affublés de casques et de capotes et contraints, en cet accoutrement, de monter la garde auprès des ponts.

A Bignicourt-sur-Saulx, trente hommes et quarante-cinq femmes et enfants ont été obligés de partir avec un détachement. L'un des hommes, le nommé Pierre (Émile), n'est pas revenu, et n'a pas donné de ses nouvelles. A Corfélix, le sieur Jacquet, entraîné le 7 septembre, avec onze de ses concitoyens, a été retrouvé à 500 mètres du village, la tête trouée par une balle.

A Champuis, le curé, sa domestique et quatre autres habitants, emmené le même jour que les otages de Corfélix, n'étaient pas encore de retour au moment de notre transport.

Au même lieu, un vieillard de soixante-dix ans, nommé Jacquemin, a été attaché sur son lit, par un officier, et laissé en cet état, sans nourriture, pendant trois jours. Il est mort peu de temps après.

A Vert-la-Gravelle, un garçon de ferme a été tué. Il a reçu des coups de bouteille sur la tête, et un coup de lance à la poitrine.

Le garde champêtre Brulefer, de le Gault-la-Forêt, a été assassiné à Maclaunay, où il avait été conduit par les Allemands. Son cadavre avait la tête fracassée, et portait une plaie à la poitrine.

A Champguyon, commune qui a été incendiée, un nommé Verdier a été tué dans la maison de son beau-père. Ce dernier n'a pas assisté à l'exécution, mais il a entendu un coup de feu, et le lendemain, un officier lui a dit : « Fils fusillé. Il est sous les décombres. » Malgré les recherches qui ont été opérées, le corps n'a pas été retrouvé dans les ruines. Il a dû être consumé.

A Sermaize, le cantonnier Brocard fut mis au nombre des otages. Au moment où on venait de l'arrêter, ainsi que son fils, sa femme et sa belle-fille affolées allèrent se précipiter dans la Saulx. Le vieillard ayant pu un instant se dégager, courut en toute hâte derrière elles, et fit plusieurs tentatives pour les sauver; mais les Allemands l'entraînèrent impitoyablement, laissant les deux malheureuses femmes se débattre dans la rivière. Quand, rendus à la liberté, au bout de quatre jours, Brocard et son fils retrouvèrent les cadavres, ils constatèrent que leurs compagnes avaient reçu l'une et l'autre des balles dans la tête.

A Montmirail s'est déroulée une scène de véritable sauvagerie. Au moment où un sous-officier s'était jeté, presque entièrement dévêtu, sur la veuve Naudé, comme laquelle il était logé, et l'avait emportée dans sa chambre, le père de cette femme, François Fontaine, accourut aux cris de sa fille. Aussitôt quinze ou vingt Allemands enfoncèrent la porte de la maison, poussèrent le vieillard dans la rue, et le fusillèrent sans pitié. A ce moment, la petite Juliette Naudé ayant ouvert sa fenêtre, fut atteinte au ventre par une balle qui lui traversa le corps. La pauvre enfant succomba, après vingt-quatre heures des plus atroces souffrances.

Le 6 septembre, à Champguyon, la dame Louvet a assisté au martyre de son mari. Ayant vu celui-ci entre les mains de dix ou quinze soldats qui l'assommaient à coups de bâton devant chez lui, elle accourut et l'embrassa à travers la grille de sa demeure, tomba, tandis que les bourreaux entraînaient le malheureux qui, couvert de sang, les suppliait de lui laisser la vie, protestant qu'il n'avait rien fait pour être ainsi maltraité. Quand sa femme l'y retrouva, il était horriblement défiguré. Sa tête était fracassée, un de ses yeux pendait hors de l'orbite et un de ses poignets était brisé.

A Esternay, le 6 septembre, trente-cinq ou quarante Allemands emmenant, vers trois heures de l'après-midi, le sieur Laurenceau, lorsqu'il fit un mouvement brusque, comme pour se dégager. Il fut immédiatement massacré à coups de fusil.

Dans la même ville, les faits suivants nous ont été révélés :

Pendant la nuit du dimanche 6 septembre au lundi 7, des soldats, qui se répandaient dans les maisons pour se livrer au pillage, découvrirent la veuve Bouché, ses deux filles, et les dames Lhomme et Macé, qui s'étaient réfugiées sous un escalier de cave. Ils ordonnèrent aux deux jeunes filles de se dévêtir, puis comme la mère de celles-ci essayait d'intervenir, l'un deux, épaulant son fusil, fit feu dans la direction du groupe. La balle, après avoir atteint près du coude gauche madame Lhomme, fracassa le bras droit de la demoiselle Marcelle Bouché, à la hauteur de l'aisselle. Dans la journée qui suivit, la jeune fille succomba aux suites de sa blessure, qui, d'après les déclarations des témoins, était horrible.

Notre enquête dans le département de la Marne a établi, enfin, d'autres attentats dont des femmes ont été victimes.

Le 3 septembre, à Suippes, la dame X..., âgée de soixante-douze ans, a été saisie par un soldat allemand qui, en lui mettant sous le menton le canon de son revolver, l'a jetée sur son lit, avec brutalité. L'arrivée de son gendre, accouru au bruit, l'a heureusement délivrée, au moment où le viol allait être consommé.

Au même lieu et à la même époque, la petite ..., âgée de onze ans, est restée pendant trois heures en butte à la lubricité d'un soldat qui, l'ayant trouvée auprès de sa grand'mère malade, l'avait emmenée dans une maison abandonnée, et lui avait enfoncé un mouchoir dans la bouche, pour l'empêcher de crier.

Le 7 septembre, à Vitry-en-Perthois, la dame X..., âgée de quarante-cinq ans, et la dame Z..., âgée de quatre-vingt-neuf ans, ont été, l'une et l'autre violées. Cette dernière est morte une quinzaine de jours après.

A Jussecourt-Minecourt, le 8 septembre, vers neuf heures du soir, la demoiselle X... a été violentée par quatre soldats, qui s'étaient introduits dans sa chambre, après en avoir fracturé la porte à l'aide d'une serpe. Tous quatre se sont jetés sur cette jeune fille, âgée de vingt et un ans, et l'ont successivement possédée.

Le bombardement d'une ville ouverte constituant incontestablement une violation du droit des gens, nous avons estimé qu'il y avait lieu de nous transporter à Reims, qui était depuis vingt-quatre jours canonnée par les Allemands. Après avoir reçu la déposition du maire, par laquelle nous avons appris qu'environ 300 personnes de la population civile avaient déjà été tuées, nous avons constaté, dans plusieurs quartiers, la destruction de nombreux édifices et nous avons pu nous rendre compte des dégâts énormes et irréparables qui ont été infligés à la cathédrale. Depuis le 7 octobre, date de notre transport, le bombardement a continué; aussi, le nombre des victimes doit-il être maintenant très considérable. Tout le monde sait combien la mal-heureuse ville a souffert, et combien aussi l'attitude de sa municipalité a été au-dessus de tout éloge.

Au cours de nos opérations à l'hôtel de ville, six obus ont été envoyés dans la direction de ce monument. Le cinquième est tombé à une faible distance de la façade principale, et le sixième a éclaté à quinze ou vingt mètres des bureaux.

Le lendemain, nous étant rendus au château de Baye, nous avons constaté, dans cet édifice, les traces du pillage qu'il a subi. Au premier étage, une porte donnant accès dans une pièce contiguë à la galerie où le propriétaire a réuni des objets d'art de valeur, a été fracturée; quatre vitrines ont été brisées, une autre a été ouverte. D'après les déclarations de la gardienne qui, en l'absence des maîtres, n'a pu nous faire connaître l'étendue du dommage, il aurait été principalement dérobé des bijoux de provenance russe et des médailles d'or. Nous avons remarqué que les tablettes recouvertes de velours noir, qui ont dû être retirées des vitrines, étaient dégarnies d'une partie des bijoux qui s'y étaient trouvés antérieurement fixés.

La chambre du baron de Baye était dans le plus grand désordre; de nombreux objets étaient épars sur le plancher et dans les tiroirs demeurés ouverts. Un bureau plat avait été fracturé; une commode Louis XVI et un bureau à cylindre du même style avaient été fouillés.

Cette chambre avait dû être occupée par un personnage d'un très haut rang, car sur la porte était restée une inscription à la craie ainsi conçue : « J. K. Hoheit ». Personne n'a pu nous renseigner exactement sur l'identité de cette Altesse; toutefois, un général qui logeait chez M. Houllier, conseiller municipal, a dit à son hôte que le château avait abrité le duc de Brunswick et l'état-major du X⁵ corps.

Le même jour, nous avons visité le château de Beaumont, situé à proximité de Montmirail, et appartenant au comte de La Rochefoucauld-Doudeauville. Suivant les déclarations de la femme du gardien, cette demeure a été pillée par les Allemands, en l'absence des maîtres, pendant une occupation qui a duré du 4 septembre au 6 du même mois. Les envahisseurs l'ont laissée dans un état de désordre et de malpropreté indescriptibles. Les secrétaires, les bureaux, les coffres-forts ont été fracturés, les écrins à bijoux ont été sortis des tiroirs et vidés.

Sur les portes des chambres nous avons pu lire des inscriptions à la craie, parmi lesquelles nous avons relevé les mots : « Excellenz », « Major von Ledebur », « Graf Waldersee ».

MEUSE

Le département de la Meuse, dont les armées allemandes occupent encore une grande partie, a été cruellement éprouvé. Des communes importantes y ont été ravagées par des incendies allumés vo-lontairement, en dehors de toute nécessité d'ordre militaire, et sans que les populations eussent aucunement provoqué par leur attitude de semblables atrocités. Tel est le cas, notamment, de Revigny, de Sommeilles, de Triaucourt, de Bulainville, de Clermont-en-Argonne et de Villers-aux-Vents.

Après avoir complètement pillé les maisons de Revigny et avoir enlevé leur butin sur des voitures, les Allemands ont incendié les deux tiers de la ville, pendant trois jours consécutifs, du 6 au 9 septembre, en arrosant de pétrole les murs, avec des pompes à main, et en jetant dans les foyers des sachets remplis de poudre comprimée en tablettes. Il nous a été remis des spécimens de ces sachets et de ces tablettes, ainsi que des baguettes d'une matière inflammable et fusante, abandonnées sur les lieux par les incendiaires.

L'église, qui était classée au nombre des monuments historiques, et la mairie, avec toutes ses archives, ont été détruites.

Plusieurs habitants, au nombre desquels étaient des enfants, ont été emmenés comme otages. Ils ont été, d'ailleurs, rendus à la liberté le lendemain, à l'exception du sieur Wladimir Thomas.

Peu de localités, dans la Meuse, ont autant souffert que la commune de Sommeilles. Elle n'est plus qu'un amas de décombres, ayant été complètement incendiée, le 6 septembre, par un régiment d'infanterie allemande qui portait le n° 51. Le feu a été mis à l'aide d'engins ressemblant à des pompes à bicyclette et dont beaucoup de soldats étaient munis.

Ce malheureux village a été le théâtre d'un drame affreux. Au début de l'incendie, la dame X..., dont le mari est sous les drapeaux, s'était réfugiée dans la cave des époux Adnot, avec ces derniers et ses quatre enfants, respectivement âgés de onze ans, de cinq ans, de quatre ans et d'un an et demi. Quelques jours après, on y découvrit les cadavres de tous ces infortunés, au milieu d'une mare de sang. Adnot avait été fusillé, la dame X... avait le sein et le bras droit coupés, la fillette de onze ans avait un pied entièrement sectionné, le petit garçon de cinq ans avait la gorge tranchée. La femme X... et la petite fille paraissaient avoir été violées.

A Villers-aux-Vents, le 8 septembre, des officiers allemands invitèrent les habitants qui n'avaient pas encore fui à quitter leurs demeures, en les prévenant que le village allait être brûlé, parce que, prétendaient-ils, trois soldats français s'étaient habillés en civil. D'autres donnèrent comme prétexte qu'on avait trouvé dans une maison une installation de télégraphie sans fil. La menace s'était rigoureusement exécutée qu'un seul bâtiment resta debout.

A Vaubecourt, où six immeubles ont été incendiés par les Wurtembourgeois, le feu a été mis dans une grange avec de la paille amoncelée par les soldats.

A Triaucourt, les Allemands se sont livrés aux pires excès. Irrités sans doute des obstavations qu'un officier avait adressées à un soldat contre lequel une jeune fille de dix-neuf ans, Mlle Hélène Procès, avait porté plainte, à raison d'entreprises inconvenantes dont elle avait été l'objet, ils incendièrent le village et organisèrent le massacre des habitants. Ils commencèrent par mettre le feu à la maison d'un paisible propriétaire, le sieur Jules Gand, et par fusiller ce malheureux, au moment où il sortait de chez lui pour échapper aux flammes; puis ils se répandirent dans les habitations et dans les rues, en tirant des coups de fusil de tous côtés. Un jeune homme de dix-sept ans, Georges Lecourtier, qui essayait de se sauver, fut tué. Le sieur Alfred Lallemand subit le même sort; poursuivi jusque dans la cuisine de son concitoyen Tautelier, il y fut massacré, tandis que ce dernier recevait trois balles dans la main.

Craignant, non sans raison, pour leur vie, Mlle Procès, sa mère, sa grand'mère, âgée de soixante et onze ans, et sa vieille tante de quatre-vingt-un ans, Mlle Laure Mennehand, tentèrent de franchir, à l'aide d'une échelle, le treillage qui sépare leur jardin d'une propriété voisine. La jeune fille seule parvint à passer de l'autre côté et put éviter la mort en se cachant au milieu des choux. Quant aux trois femmes, elles furent abattues à coups de fusil. Le curé du village, après avoir ramassé sur le sol, où elle s'était répandue, la cervelle de Mlle Mennehand, fit transporter les corps dans la maison Procès. Pendant la nuit qui suivit, les Allemands jouèrent du piano auprès des cadavres.

Tandis que le carnage sévissait, l'incendie se propageait rapidement et dévorait trente-cinq maisons. Un vieillard de soixante-dix ans, Jean Lecourtier, et un enfant de deux mois trouvèrent la mort dans les flammes. Le sieur Igier, qui s'efforçait de sauver son bétail, était poursuivi sur un parcours de 300 mètres par des soldats qui ne cessaient de tirer sur lui. Cet homme eut, par miracle, la chance de n'être pas blessé; mais cinq balles traversèrent son pantalon. Comme le curé Viller s'indignait auprès du duc de Wurtemberg, logé dans le village, du traitement infligé à sa paroisse: « Que voulez-vous? répondit celui-ci, nous avons, comme chez vous, de mauvais soldats. »

Dans cette même commune, une tentative de viol qui manqua son effet, grâce à la résistance opiniâtre et courageuse de la victime, fut commise par trois Allemands sur la personne de la dame D..., âgée de quarante-sept ans; une autre femme de soixante-quinze ans, Mme Maupaix, fut si violemment frappée à coup de bottes, qu'elle en mourut quelques jours après. Pendant que des soldats la maltraitaient, d'autres dévalisaient ses armoires.

La petite ville de Clermont-en-Argonne adossée à une colline pittoresque, au milieu d'un paysage agréable, reçoit chaque année la visite de nombreux touristes. Le 4 septembre, pendant la nuit, les 121e et 122e régiments wurtembergeois y firent leur entrée, en brisant les portes des maisons et en se livrant à un pillage effréné, qui devait se continuer pendant le cours de la journée suivante. Vers midi, un soldat alluma l'incendie dans l'habitation d'un horloger, en y répandant volontairement le contenu de la lampe à alcool qui lui avait servi à préparer son café. Un habitant, M. Monternach, courut aussitôt chercher la pompe municipale, et demanda à un officier de lui fournir des hommes pour la mettre en action. Brutalement éconduit, et menacé d'un revolver, il renouvela sa démarche auprès de plusieurs autres officiers sans plus de succès. Pendant ce temps, les Allemands continuaient à incendier la ville, en se servant de bâtons au bout desquels des torches étaient fixées. Tandis que les maisons flambaient, des soldats envahissaient l'église, qui est isolée, sur la hauteur, y dansaient au son de l'orgue, puis, avant de se retirer, y mettaient le feu, à l'aide de grenades, ainsi que de récipients garnis de mèches et remplis d'un liquide inflammable.

Après l'incendie de Clermont, on trouva deux cadavres, celui du maire de Vauquois, M. Poinsignon, complètement carbonisé, et celui d'un jeune garçon de onze ans, qui avait été fusillé à bout portant.

Quand le feu fut éteint, le pillage recommença dans les immeubles que la flamme avait épargnés. Des objets mobiliers, enlevés chez le sieur Desforges, des étoffes, volées dans le magasin du sieur Nordmann, marchand de nouveautés, furent entassés dans des automobiles. Un médecin-major s'empara de tous les objets de pansement de l'hospice; et un officier supérieur, après avoir inscrit sur la porte d'entrée de la maison Lebondidier une mention interdisant de piller, fit emporter par une voiture une grande partie des meubles qui garnissaient cette habitation, en les destinant, comme il s'en vanta sans vergogne, à l'ornement de sa propre villa.

À l'époque où tous ces faits se sont passés, la ville de Clermont-en-Argonne était occupée par le treizième corps wurtembergeois, sous les ordres du général von Durach, et par une troupe de uhlans que commandait le prince de Wittenstein.

Le 7 septembre, une dizaine de cavaliers allemands pénétrèrent dans la ferme de Lamermont, commune de Lisle-en-Barrois, et après s'être fait servir du lait, partirent en paraissant satisfaits. Après leur départ, on entendit au loin des coups de fusil. Un peu plus tard, une seconde troupe, composée d'environ trente hommes, se présentait à son tour, et accusait les gens de la ferme d'avoir tué un soldat allemand. Immédiatement saisis et emmenés dans les environs, le fermier Elly et un de ses hôtes, le sieur Javelot, étaient, malgré leurs protestations d'innocence, impitoyablement fusillés.

À Louppy-le-Château, les Allemands se sont livrés à des actes d'immoralité et de brutalité révoltants, pendant la nuit du 8 au 9 septembre, dans une cave où plusieurs femmes s'étaient réfugiées, pour se préserver du bombardement. Toutes ces malheureuses furent odieusement maltraitées; la demoiselle X..., âgée de soixante et onze ans, la femme Y..., âgée de quarante-quatre ans, ses deux filles, l'une de treize ans, l'autre de huit ans, et la dame Z..., furent violées.

Dans beaucoup de communes, des otages ont été emmenés. C'est ainsi qu'à Laimont, huit personnes ont été contraintes de suivre les troupes allemandes, au commencement du mois de septembre. Le 27 octobre, aucune d'elles n'avait reparu. Le curé de Nubécourt, enlevé le 5 septembre, n'était pas non plus rentré dans sa paroisse.

À Saint-André, au nombre des personnes arrêtées, se trouvait le sieur Havette. Il obtint d'un officier la permission d'aller veiller le corps de sa femme, tuée d'un éclat d'obus la veille du jour précédent. Dans la soirée, ordre fut donné à tous les habitants de se rassembler dans une grange. Havette, ayant cru pouvoir échapper à cette obligation, en vertu de l'autorisation qu'il avait reçue, resta à son domicile, jusqu'à deux heures du soir. Quand il sortit, il fut abattu d'un coup de fusil.

D'autres villages que ceux dont nous avons relaté l'incendie, notamment Vassincourt et Brabant-le-Roi, ont été plus ou moins complètement brûlés. Il ne nous a pas été possible, jusqu'à ce jour, d'établir d'une façon complète les circonstances de leur destruction. Notre enquête, en ce qui les concerne, sera ultérieurement poursuivie.

Il a été enfin porté à notre connaissance que, dans le département de la Meuse, l'ennemi avait commis des actes de cruauté à l'égard de militaires français blessés et de prisonniers. Nous exposerons ce genre de faits à la fin du présent rapport.

MEURTHE-ET-MOSELLE

Nous sommes arrivés le 26 octobre dans le département de Meurthe-et-Moselle, et nous avons visité un très grand nombre de communes des arrondissements de Nancy et de Lunéville.

Nancy, ville ouverte, dans laquelle l'armée allemande n'a pas pu pénétrer, a été bombardée, sans avertissement préalable, pendant la nuit du 9 au 10 septembre. Soixante obus environ sont tombés sur les quartiers du centre et dans le cimetière du Sud, c'est-à-dire en des endroits où il n'existe pas d'établissement militaire. Trois femmes, une jeune fille et une fillette ont été tuées; treize personnes ont été blessées; les dégâts matériels sont importants.

Des avions ennemis ont survolé la ville à deux reprises. Le 4 septembre, l'un d'eux a jeté deux bombes, dont l'une a tué, sur la place de la Cathédrale, un homme et une petite fille et a blessé six personnes. Le 13 octobre, trois bombes ont été lancées sur la gare des marchandises. Quatre employés de la compagnie des chemins de fer de l'Est ont été blessés.

Quand nous nous sommes rendus à Pont-à-Mousson, dans la matinée du 10 novembre, sept obus venaient d'y être envoyés par les batteries allemandes, quelques heures auparavant. C'était, depuis le 11 août, le vingt-quatrième jour de bombardement. La veille, une jeune fille de dix-neuf ans et un enfant de quatre ans avaient été tués dans leur lit par des éclats de projectile. Le 14 août, les Allemands ont spécialement pris pour objectif l'hôpital, sur les tours duquel flottaient des drapeaux de la Croix-Rouge, visibles de fort loin. Cet édifice n'a pas reçu moins de soixante-dix obus. Nous avons constaté les dégâts qu'ils ont causés.

Quatre-vingts maisons, environ, ont été endommagées par les différents bombardements, qui, tous, ont eu lieu sans avertissement. Quatorze personnes de la population civile, principalement des femmes et des enfants, ont été tuées. On compte à peu près le même nombre de blessés. Or, Pont-à-Mousson n'est pas fortifié. Seul, le pont sur la Moselle avait été mis en état de défense, au début des hostilités, par le 26ᵉ bataillon de chasseurs qui tenait alors garnison dans la ville.

Nous avons éprouvé une véritable impression d'horreur, quand nous nous sommes trouvés en présence des ruines lamentables de Nomeny. A part quelques rares maisons qui subsistent encore, auprès de la gare, dans un emplacement séparé par la Seille de l'agglomération principale, il ne reste de cette petite ville qu'une succession de murs ébréchés et noircis, au milieu d'un amas de décombres, dans lequel se voient, çà et là, quelques ossements d'animaux, en partie calcinés, et des débris carbonisés de cadavres humains. La rage d'une soldatesque en furie s'est déchaînée là implacablement.

Nomeny, à raison de sa proximité de la frontière, avait, dès le début de la guerre, reçu de temps en temps la visite de cavaliers allemands. Des escarmouches avaient eu lieu dans ses environs et, le 14 août, dans la cour de la ferme de la Borde, située à une faible distance, un soldat ennemi avait, sans aucun motif, tué d'un coup de fusil le jeune domestique Nicolas Michel, âgé de dix-sept ans.

Le 20, alors que les habitants avaient cherché dans les caves un refuge contre le bombardement, les Allemands, après s'être, par suite d'une méprise, mutuellement tiré les uns sur les autres, pénétrèrent vers midi dans la ville.

D'après ce que l'un d'eux a raconté, leurs chefs leur avaient affirmé que les Français torturaient les blessés, en leur arrachant les yeux et en leur coupant les membres ; aussi étaient-ils dans un état de surexcitation épouvantable. Jusque dans la journée du lendemain, ils se livrèrent aux plus abominables excès, pillant, incendiant et massacrant sur leur passage. Après avoir enlevé dans les habitations tout ce qui leur avait paru digne d'être emporté et avoir envoyé à Metz le produit de leurs vols, ils mirent le feu aux maisons, avec des torches, des pastilles de poudre comprimée et

aussi avec du pétrole qu'ils transportaient dans des récipients placés sur un petit chariot. De tous côtés des coups de fusil éclataient ; les malheureux habitants que la crainte de l'incendie chassait de leurs caves étaient abattus comme un gibier, les uns dans leurs demeures et les autres sur la voie publique.

Les sieurs Sanson, Pierson, Lallemand, Adam Jeanpierre, Meunier, Schneider, Raymond, Duponcel, Hazotte père et fils sont assassinés à coups de fusil dans la rue. Le sieur Killian, se voyant menacé d'un coup de sabre, place ses mains sur son cou pour se protéger ; il a trois doigts tranchés et la gorge ouverte. Un vieillard de quatre-vingt-six ans, le sieur Petitjean, assis dans son fauteuil, est frappé d'une balle qui lui fracasse le crâne, et un Allemand met en présence du cadavre la dame Bertrand, en lui disant : « Vous avez vu ce cochon-là ! » M. Chardin, conseiller municipal faisant fonctions de maire, est requis de fournir un cheval et une voiture. A peine a-t-il promis qu'il fera son possible pour obéir, qu'il est tué d'un coup de feu. Le sieur Prevot, qui voit les Bavarois faire irruption dans la pharmacie dont il est le gardien, leur dit qu'il est le pharmacien et qu'il leur donnera tout ce qu'ils voudront ; mais trois détonations retentissent et il tombe en poussant un grand soupir. Deux femmes qui se trouvaient avec lui se sauvent, poursuivies à coups de crosse jusqu'aux abords de la gare, où elles voient, dans le jardin et sur la route, de nombreux cadavres amoncelés.

Entre trois et quatre heures de l'après-midi, les Allemands pénètrent dans la boucherie de la dame François. Celle-ci sort alors de sa cave avec son garçon, Stub, et un employé nommé Contal. Dès que Stub arrive sur le seuil de la porte d'entrée, il tombe grièvement blessé d'un coup de fusil ; puis Contal, qui se sauve dans la rue, est immédiatement assassiné. Cinq minutes après, comme Stub râle encore, un soldat se penche sur lui et l'achève d'un coup de hache dans le dos.

L'incident le plus tragique de ces horribles scènes s'est produit chez le sieur Vassé, qui avait recueilli dans sa cave, faubourg de Nancy, un certain nombre de personnes. Vers quatre heures, une cinquantaine de soldats envahissent la maison, en enfonçant la porte ainsi que les fenêtres, et y mettent aussitôt le feu. Les réfugiés s'efforcent alors de se sauver, mais ils sont abattus les uns après les autres à la sortie. Le sieur Mentré est assassiné le premier. Son fils Léon tombe ensuite avec sa petite sœur de huit ans dans les bras. Comme il n'est pas tué raide, on lui met l'extrémité du canon d'un fusil sur la tête, et on lui fait sauter la cervelle. Puis c'est le tour de la famille Kieffer. La mère est blessée au bras et à l'épaule ; le père, le petit garçon de dix ans et la fillette, âgée de trois ans, sont fusillés. Les bourreaux tirent encore sur eux quand ils sont à terre.

Kieffer, étendu sur le sol, reçoit une nouvelle balle au front ; son fils a le crâne enlevé d'un coup de feu. Ensuite, c'est le sieur Strieffert et un des fils Vassé qui sont massacrés, tandis que la dame Mentré reçoit trois balles, une à la jambe gauche, une autre au bras même côté et la troisième au front, qui est seulement éraflé. Le sieur Guillaume, traîné dans la rue, y trouve la mort. La jeune Simonin, âgée de dix-sept ans, sort enfin de la cave avec sa sœur Jeanne, âgée de trois ans. Cette dernière a un coude presque emporté par une balle. L'aînée se jette à terre et feint d'être morte, restant pendant cinq minutes dans une angoisse affreuse. Un soldat lui porte un coup de pied, en criant : « capout. »

Un officier survient à la fin de cette tuerie. Il ordonne aux femmes qui sont encore vivantes de se relever et leur crie : « Allez en France. »

Tandis que tant de personnes étaient massacrées, d'autres, suivant l'expression d'un témoin, étaient emmenées « en troupeau » dans les champs, sous la menace d'une exécution imminente. Le curé, notamment, n'a dû qu'à des circonstances extraordinaires de n'être pas fusillé.

D'après les dépositions que nous avons reçues, toutes ces abominations ont été commises surtout par les 2ᵉ et 4ᵉ régiments d'infanterie bavaroise. Pour les expliquer, les officiers ont prétendu que des civils avaient tiré sur leurs troupes. Ainsi que l'a formellement établi notre enquête, ce prétexte est mensonger ; car, au moment de l'arrivée des ennemis, toutes les armes avaient été déposées à la mairie et la partie de la population qui n'avait pas quitté le pays s'était cachée dans les caves, en proie à la plus grande terreur. D'ailleurs, la raison invoquée, fût-elle vraie, ne suffirait assurément pas pour excuser la destruction de toute une cité, le meurtre des femmes et le massacre des enfants.

Une liste des personnes qui ont trouvé la mort au cours de l'incendie et des fusillades a été dressée par M. Biévelot, conseiller d'arrondissement. Elle ne comprend pas moins de cinquante noms. Nous ne les avons pas cités tous. D'une part, un certain nombre des personnes dont le décès a été constaté, quelques-unes sont mortes dans des conditions mal précisées ; d'autre part, la dispersion des habitants de la ville, aujourd'hui anéantie, a rendu notre information assez difficile. Nos recherches seront continuées. En tout cas, ce que nous avons déjà pu établir d'une manière incontestable suffit pour qu'on se rende compte de ce qu'a été, dans la journée du 20 août, le martyre de Nomeny.

Lunéville a été occupée par les Allemands, du 24 août au 11 septembre. Pendant les premiers jours, ils se sont contentés de piller, sans molester autrement les habitants. C'est ainsi, notamment, que le 24 août, la maison de la dame Jeaumont a été dévalisée. Les objets volés ont été chargés sur une grande voiture dans

laquelle se tenaient trois femmes, l'une vêtue de noir, les deux autres portant des costumes militaires et, nous a-t-on dit, paraissant être des cantinières.

Le 25, l'attitude des envahisseurs changea subitement. Le maire, M. Keller, s'étant rendu à l'hôpital, vers trois heures et demie de l'après-midi, vit des soldats tirer des coups de fusil dans la direction du grenier d'une maison voisine, et entendit siffler des balles, qui lui parurent venir de l'arrière. Les Allemands lui déclarèrent que des habitants avaient tiré sur eux. Il leur offrit alors, en protestant, de faire avec eux le tour de la ville, pour leur démontrer l'inanité de cette allégation. Sa proposition fut acceptée, et comme, au début de la tournée, on trouvait, dans la rue, le cadavre du sieur Crombez, l'officier qui commandait l'escorte dit à M. Keller : « Vous voyez ce cadavre, c'est celui d'un civil qu'un autre civil a tué, en tirant sur nous, d'une maison voisine de la synagogue. Aussi, comme notre loi nous l'ordonne, nous avons brûlé la maison et nous en avons exécuté les habitants. » Il faisait allusion au meurtre d'un homme dont le caractère timide est connu de tous, le ministre officiant israélite Weill, qui venait d'être tué chez lui, avec sa fille, âgée de seize ans. Le même officier ajouta : « On a également brûlé la maison qui fait l'angle de la rue Castara et de la rue Girardet, parce que des civils avaient tiré de là des coups de feu. » C'est de cet immeuble que, suivant les prétentions des Allemands, on aurait tiré sur la cour de l'hôpital ; or la disposition des lieux ne permet pas d'admettre l'exactitude d'une telle affirmation.

Tandis que le maire et la troupe qui l'accompagnait poursuivaient leur reconnaissance, l'incendie éclatait de différents côtés ; l'hôtel de ville brûlait, ainsi que la synagogue et plusieurs maisons de la rue Castara, et le faubourg d'Einville était en flammes. En même temps commençaient les massacres qui devaient se continuer jusque dans la journée du lendemain. Sans compter le sieur Crombez, le ministre officiant Weill et sa fille, dont nous avons déjà mentionné la mort, les victimes furent : les sieurs Hamman, Binder, Balastre père et fils, Vernier, Dujon, le sieur Kahn et sa mère, le sieur Steiner et sa femme, le sieur Wingerstinann et son petit-fils, enfin les sieurs Sibille, Monteils et Colin.

Les meurtres furent commis dans les circonstances suivantes : Le 25 août, après avoir tiré deux coups de fusil à l'intérieur de la tannerie Worms, pour faire croire qu'ils y étaient attaqués, des Allemands envahirent un atelier de cette usine, dans lequel travaillait l'ouvrier Gœury, en compagnie des sieurs Balastre père et fils. Gœury, traîné dans la rue, y fut dévalisé et brutalement maltraité, tandis que ses deux compagnons, découverts dans les cabinets d'aisances où ils avaient cherché un refuge, étaient tués à coups de feu.

Le même jour, des soldats vinrent appeler le sieur Steiner qui était caché dans sa cave. Sa femme, redoutant un malheur, essaya de le retenir. Comme elle le pressait dans ses bras, elle reçut une balle au cou. Quelques instants après, Steiner ayant obéi à l'injonction qui lui avait été adressée, tombait mortellement frappé dans son jardin. Le sieur Kahn fut, lui aussi, assassiné dans le jardin de sa maison. Sa mère, âgée de quatre-vingt-dix-huit ans, qui fut carbonisée dans l'incendie, avait été préalablement tuée dans son lit, d'un coup de feu, d'après ce qu'a raconté un individu qui servait d'interprète à l'ennemi. Le sieur Binder, qui sortait pour échapper aux flammes, fut également abattu. L'Allemand par lequel il a été tué a reconnu avoir tiré sur lui sans motif, alors que le malheureux se tenait tranquillement devant une porte. Le sieur Vernier eut le même sort que Binder.

Vers trois heures, des Allemands firent irruption en brisant les fenêtres et en tirant des coups de fusil dans une maison où étaient la dame Dujon, sa fille âgée de trois ans, ses deux fils et le sieur Gaumier. La fillette faillit être tuée. Elle eut le visage brûlé par un coup de feu. A ce moment, Mme Dujon ayant vu son plus jeune fils, Lucien, âgé de quatorze ans, étendu sur le sol, l'invita à se lever pour prendre la fuite avec elle. Elle s'aperçut alors qu'il tenait à pleines mains ses entrailles qui s'échappaient. La maison était en feu, le pauvre enfant fut carbonisé, ainsi que le sieur Gaumier qui n'avait pas pu se sauver.

Le sieur Wingerstmann et son petit-fils, âgé de douze ans, qui étaient allés arracher des pommes de terre à peu de distance de Lunéville, au lieu dit « les Mossus », territoire de Chanteheux, eurent le malheur de rencontrer des Allemands. Ceux-ci les placèrent tous deux contre un mur et les fusillèrent.

Enfin, vers cinq heures du soir, des soldats étant entrés chez la femme Sibille, au même lieu, s'emparèrent sans raison de son fils, l'emmenèrent à deux cents mètres de la maison et le massacrèrent, ainsi que le sieur Vallon, au corps duquel ils l'avaient attaché. Un témoin qui avait aperçu les meurtriers au moment où ils entraînaient leur victime, les vit revenir sans elle et constata que leurs baïonnettes-scies étaient pleines de sang et de lambeaux de chair.

Ce même jour, un infirmier, nommé Monteils, qui soignait à l'hospice de Lunéville un officier ennemi blessé, fut foudroyé d'une balle au front, pendant qu'il regardait par une fenêtre un soldat allemand tirant des coups de fusil.

Le lendemain 26, le sieur Hamman et son fils, âgé de vingt et un ans, furent arrêtés chez eux et traînés dehors par une bande qui était entrée en brisant la porte. Le père fut roué de coups ; quant au jeune homme, comme il essayait de se débattre, un sous-officier lui cassa la tête d'un coup de revolver.

A une heure de l'après-midi, M. Riklin, pharmacien, ayant été prévenu qu'un homme était tombé à une trentaine de mètres de son magasin, se rendit à l'endroit indiqué et reconnut dans la victime son beau-frère, le sieur Colin, âgé de soixante-huit ans, qui avait été frappé d'une balle au ventre. Les Allemands ont prétendu que ce vieillard avait tiré sur eux, mais M. Riklin leur donne, à cet égard, un démenti formel. Colin, nous a-t-il dit, était un homme inoffensif, absolument incapable de se livrer à un acte d'agression, et ignorant complètement le maniement d'une arme à feu.

Il nous a paru utile de relever aussi, à Lunéville, des actes qui jettent un jour particulier sur la mentalité de l'envahisseur. Le 25 août, le sieur Lenoir, âgé de soixante-dix-sept ans, fut, ainsi que sa femme, emmené dans les champs, les mains liées derrière le dos. Après que tous deux eussent été cruellement maltraités, un sous-officier s'empara d'une somme de dix-huit cents francs en or que Lenoir portait sur lui. Le vol le plus impudent semble bien, d'ailleurs, comme nous l'avons déjà dit, être entré dans les mœurs de l'armée allemande, qui le pratique publiquement. En voici un exemple intéressant :

Pendant l'incendie d'une maison appartenant à la dame Leclerc, les coffres-forts de deux locataires avaient résisté aux flammes. L'un, appartenant à M. George, sous-inspecteur des eaux et forêts, était tombé dans les décombres ; l'autre, dont M. Goudchau, marchand de biens, était propriétaire, était resté scellé à un mur à la hauteur du second étage. Le sous-officier Weiss, qui connaissait admirablement la ville où il avait été maintes fois bien accueilli, quand il y venait avant la guerre pour son commerce de marchand de houblon, se rendit avec des soldats sur les lieux, ordonna qu'on fît sauter à la dynamite le pan de muraille resté debout et assura le transport des deux coffres à la gare, où on les plaça sur un wagon à destination de l'Allemagne. Ce Weiss jouissait auprès du commandement d'une confiance et d'une considération particulières. C'est lui qui, installé à la Kommandatur, était chargé d'administrer en quelque sorte la commune et de pourvoir aux réquisitions.

Après avoir commis de nombreux actes de pillage à Lunéville, y avoir fait brûler environ dix-huit maisons avec des torches, du pétrole et divers engins incendiaires, après y avoir, enfin, massacré de paisibles habitants, l'autorité militaire allemande a jugé à propos d'y faire afficher la proclamation suivante, dans laquelle elle formulait des accusations ridicules pour justifier l'extorsion, sous forme d'indemnité, d'une contribution énorme :

AVIS A LA POPULATION

« Le 25 août 1914, des habitants de Lunéville ont fait une attaque par embuscade contre les colonnes et trains allemands. Le même jour, des habitants ont tiré sur des formations sanitaires marquées par la Croix-Rouge. De plus, on a tiré sur des blessés allemands et sur l'hôpital militaire, contenant une ambulance allemande. A cause de ces actes d'hostilité, une contribution de six cent cinquante mille francs est imposée à la commune de Lunéville. Ordre est donné à M. le maire de verser cette somme en or (et en argent jusqu'à 50,000 fr.) le 6 septembre, à neuf heures du matin, entre les mains du représentant de l'autorité militaire allemande. Toute réclamation sera considérée comme nulle et non arrivée. On n'accordera pas de délai. Si la commune n'exécute pas ponctuellement l'ordre de payer la somme de 650,000 fr., on saisira tous les biens exigibles. En cas de non-paiement, des perquisitions domiciliaires auront lieu et tous les habitants seront fouillés. Quiconque aura dissimulé sciemment de l'argent, ou essayé de soustraire des biens à la saisie de l'autorité militaire, ou qui cherche à quitter la ville, sera fusillé. Le maire et les otages pris par l'autorité militaire seront rendus responsables d'exécuter exactement les ordres susindiqués. Ordre est donné à la mairie de publier de suite ces dispositions à la commune.

« Hénaménil, le 3 septembre 1914.

« *Le commandant en chef.*
« VON FOSBENDER. »

Quand on a lu cet inimaginable document, on a le droit de se demander si les incendies et les meurtres commis à Lunéville, les 25 et 26 août, par une armée qui n'agissait pas dans l'excitation du combat, et qui pendant les jours précédents s'était abstenue de tuer, n'ont pas été ordonnés pour rendre plus vraisemblable l'allégation qui devait servir de prétexte à l'exigence d'une indemnité.

Situé tout à proximité de Lunéville, le village de Chanteheux ne fut pas plus épargné. Les Bavarois, qui l'occupèrent du 22 août au 12 septembre, y brûlèrent vingt maisons, par leurs procédés habituels, et massacrèrent, le 25 août, huit personnes : les sieurs Lavenne, Toussaint, Parmentier et Bachelor, qui furent tués, les trois premiers à coups de feu, le quatrième d'un coup de feu et d'un coup de baïonnette ; le jeune Schneider, âgé de vingt-trois ans, qui fut assassiné dans une dépendance de la commune ; le sieur Wingersmann et son petits-fils, dont nous avons relaté plus haut la mort, en exposant les crimes commis à Lunéville ; enfin, le sieur Reeb, âgé de soixante-deux ans, qui est certainement décédé à la suite des mauvais traitements qu'il a subis. Cet homme avait été emmené comme otage en même temps que quarante-deux de ses concitoyens, qui furent retenus pendant treize jours. Après avoir, d'abord, reçu de terribles coups de crosse au visage et un coup de baïonnette au flanc, il continuait à suivre la colonne, bien qu'il perdit beaucoup de sang, et que sa face fût meurtrie au point de le rendre méconnaissable, quand un Bavarois, sans aucun motif, lui fit encore une large plaie, en lui lançant au front un seau en bois. Entre Hénaménil et Bures, ses compagnons s'aperçurent qu'il

n'était plus au milieu d'eux. Il est hors de doute qu'il a succombé.

Si ce malheureux a été le plus cruellement martyrisé, tous les otages que les ennemis ont pris avec lui dans la commune ont eu aussi à subir des violences et des outrages. Avant de mettre le feu au village, on les avait adossés au parapet d'un pont, tandis que les troupes passaient en les brutalisant. Comme un officier les accusait d'avoir tiré sur les Allemands, l'instituteur lui donna sa parole d'honneur qu'il n'en était rien. « Cochon de Français, répliqua l'officier, ne parlez pas d'honneur, vous n'en avez point. »

Au moment où l'incendie de sa maison commença, la dame Cherrier, qui sortait de sa cave, pour échapper à l'asphyxie, fut inondée d'un liquide inflammable, par des soldats qui en arrosaient les murs. L'un de ces hommes lui dit : « C'est de la benzine. » Elle court alors se cacher, avec ses parents, derrière un tas de fumier, mais les incendiaires la ramenèrent de force devant le brasier ; et elle dut assister à la destruction de son immeuble.

De même que Nomeny, la jolie ville de Gerbéviller, au bord de la Mortagne, a été, dans des conditions effroyables, victime de la fureur allemande. Le 24 août, les troupes ennemies s'y heurtèrent à la résistance héroïque d'une soixantaine de chasseurs à pied, qui leur infligèrent de grosses pertes. Elles s'en vengèrent durement sur la population civile. Dès leur entrée dans la ville, en effet, les Allemands se livrèrent aux pires excès, pénétrant dans les habitations en poussant des hurlements féroces, brûlant les édifices, tuant ou arrêtant les habitants, et n'épargnant ni les femmes ni les vieillards. Sur quatre cent soixante-quinze maisons, vingt au plus sont encore habitables. Plus de cent personnes ont disparu, cinquante au moins ont été massacrées. Les unes ont été conduites dans les champs pour y être fusillées, les autres ont été assassinées dans leurs demeures, ou abattues au passage dans les rues, quand elles essayaient de fuir l'incendie. Trente-six cadavres ont été, jusqu'à présent, identifiés. Ce sont ceux de MM. Barthélemy, Blosse père, Robinet, Chrétien, Rémy, Bourguignon, Perrin, Wuillaume, Bernasconi, Gauthier, Menu, Simon, Lingenheld père et fils, Benoît, Calais, Adam, Caille, Lhuillier, Regret, Plaid, âgé de quatorze ans, Leroi, Bazelo, Gentil, Dehan (Victor), Dehan (Charles), Dehan fils, Brennevald, Parisse, Yong, François, secrétaire de mairie, et de Mmes Perrot, Courtois, Gauthier et Guillaume, et des demoiselles Perrin et Miquel.

Quinze de ces pauvres gens ont été exécutés au lieudit « la Prèle ». Ils ont été enterrés par leurs concitoyens, le 12 ou le 15 septembre. Presque tous avaient les mains liées derrière le dos ; quelques-unes avaient les yeux bandés ; les pantalons de la plupart étaient déboutonnés et rabattus jusque sur les pieds. Cette dernière circonstance, ainsi que l'aspect des cadavres, ont fait penser à des témoins que les victimes

avaient subi une mutilation. Nous ne croyons pas devoir nous approprier cette opinion, l'état de décomposition très avancée des corps ayant pu causer une erreur. Il est d'ailleurs possible que les meurtriers aient déboutonné les pantalons de leurs prisonniers pour mettre ceux-ci dans l'impossibilité de s'enfuir, en leur entravant les jambes.

Le 16 octobre, au lieudit « le Haut-de-Vormont », on a découvert, enfouis sous 15 ou 20 centimètres de terre, dix cadavres de civils portant des traces de balles et ayant tous les yeux bandés. On a trouvé sur l'un d'eux un laissez-passer au nom de Seyer, (Edouard), de Badonviller. Les neuf autres victimes sont inconnues. On croit que ce sont les habitants de Badonviller qui ont été amenés par les Allemands sur le territoire de Gerbéviller, pour y être fusillés.

Dans les rues et dans les maisons, pendant la journée de carnage, les scènes les plus tragiques se sont produites.

Dans la matinée, des ennemis pénètrent chez les époux Lingenheld, se saisissent du fils, âgé de trente-six ans, qui portait le brassard de la Croix-Rouge, lui lient les mains derrière le dos et le traînent dans la rue où ils le fusillent ; puis ils reviennent chercher le père, un vieillard de soixante-dix ans. La dame Lingenheld prend la fuite. En se sauvant, elle voit son fils étendu sur le sol. Comme le malheureux remue encore, des Allemands l'arrosent de pétrole, auquel ils mettent le feu, en présence de la mère terrifiée. Pendant ce temps, on conduit Lingenheld père, à « la Prèle » où il est exécuté.

Au même moment, des soldats frappent à la porte d'une maison occupée par le sieur Guillaume, sa femme et sa belle-mère, la veuve Guillaume, âgée de soixante-dix-huit ans. Celle-ci, qui va leur ouvrir, est fusillée à bout portant et tombe dans les bras de son gendre qui accourt derrière elle. « Ils m'ont tuée, s'écrie-t-elle, portez-moi dans le jardin. » Ses enfants lui obéissent, l'installent au fond du jardin, avec un oreiller sous la tête et une couverture sur les jambes ; puis vont eux-mêmes s'étendre le long d'un mur pour éviter les projectiles. Au bout d'une heure, quand la dame Guillaume est morte, sa fille l'enveloppe dans sa couverture et lui place un mouchoir sur le visage. Presque aussitôt, les Allemands font irruption dans le jardin. Ils emmènent Dehan, pour le fusiller, à « la Prèle » et conduisent sa femme sur la route de Fraimbois, où elle trouve une quarantaine de personnes, principalement des femmes et des enfants, entre les mains de l'ennemi : elle entend un officier d'un grade élevé crier : « Il faut fusiller ces enfants et ces femmes. Tout cela doit disparaître. » La menace ne fut pourtant pas suivie d'effet. Rendue le lendemain à la liberté, Mme Dehan put rentrer à Gerbéviller vingt et un jours plus tard. Elle est convaincue, et tous ceux qui ont vu le cadavre partagent cette opinion, que le corps de sa mère a été profané. Elle l'a, en effet, retrouvé étendu sur le dos, les jupes relevées, les jambes écartées et le ventre ouvert.

A l'arrivée des Allemands, le sieur Perrin et ses deux filles, Louise et Eugénie, étaient allés se réfugier dans leur écurie. Des soldats y pénètrent, et l'un d'eux, apercevant la jeune Louise, lui tire, à bout portant, un coup de fusil à la tête. Eugénie parvient à s'échapper, mais son père est arrêté dans sa fuite, placé parmi les victimes qu'on conduit à « la Prêle » et fusillé avec elles.

Le sieur Yong, qui sort pour mettre son cheval au manège, est abattu devant chez lui. Les Allemands, dans leur fureur, tuent le cheval après le maître, et mettent le feu à la maison. D'autres soulèvent la trappe d'une cave dans laquelle sont cachées plusieurs personnes et tirent des coups de fusil dans la direction de celles-ci. La dame Denis Bernard et le jeune Parmentier, âgé de sept ans, sont blessés.

Vers cinq heures du soir, la dame Rozier a entendu une voix suppliante crier : « Pitié, pitié ! ». Ces cris venaient de l'une des deux granges voisines, appartenant aux sieurs Poinsard et Barbier. Or, un individu qui servait d'interprète aux Allemands a déclaré à une dame Thiébaut, que ceux-ci s'étaient vantés d'avoir brûlé vif, dans l'une de ces granges, un père de famille de cinq enfants, malgré ses supplications et ses appels à leur pitié. Cette déclaration est d'autant plus impressionnante qu'on a trouvé dans la grange Poinsard les débris d'un corps humain carbonisé.

A côté de ce carnage, d'innombrables actes de violence ont été commis. La femme d'un mobilisé, la dame X..., a été violée par un soldat, dans le corridor de ses parents, tandis que sa mère, sous la menace d'une baïonnette, était obligée de se sauver.

Le 29 août, la supérieure de l'hospice, sœur Julie, dont le dévouement a été admirable, s'étant transportée à l'église paroissiale, pour se rendre compte, avec un prêtre mobilisé, de l'état intérieur de l'édifice, constata que la porte en acier du tabernacle avait été l'objet d'une tentative d'effraction. Les Allemands, pour parvenir à s'emparer d'un vase sacré, avaient tiré des coups de fusil autour de la serrure. La porte était traversée en plusieurs endroits, et le passage des balles y avait formé des trous presque symétriques, ce qui prouvait qu'on avait tiré à bout portant. Quand la religieuse l'ouvrit, elle trouva le ciboire perforé.

Les excès et les crimes qui ont été commis à Gerbéviller sont principalement l'œuvre des Bavarois. Les troupes qui s'y sont livrées étaient sous le commandement du général Clauss, dont la brutalité nous a aussi été signalée ailleurs.

Le 22 août, les Allemands incendièrent une partie du village de Crévic, à l'aide de torches et de fusées. Soixante-seize maisons furent brûlées, notamment celle de M. le général Lyautey, que les incendiaires, sous

la conduite d'un officier, avaient envahie, en réclamant à grand cris « Madame et Mademoiselle Lyautey, pour leur couper le cou ». Un capitaine menaça le sieur Vogin, en lui mettant son revolver sur la gorge, de le fusiller, et de le jeter dans les flammes, avec un habitant auquel, disait-il, « on avait déjà fait sauter la cervelle ». Il faisait ainsi allusion à la mort d'un vieux rentier, M. Liégey, âgé de soixante-dix-huit ans, qui fut retrouvé dans les décombres, avec une balle sous le menton. « Venez voir, ajouta l'officier, la propriété du général Lyautey, qui est au Maroc, qui brûle. » Pendant ce temps, un ouvrier nommé Gérard était contraint, baïonnette au dos, de monter dans son grenier. Là, les Allemands mettaient le feu à un tas de fourrage, et obligeaient le sieur Gérard à rester auprès du brasier. Quand les soldats, chassés par la chaleur intolérable, se furent retirés, il put s'échapper par une petite ouverture, mais il avait déjà une joue fortement brûlée.

A Deuxville, où l'ennemi incendia volontairement quinze maisons, le maire Bajolet et le curé Thiriet furent arrêtés. L'abbé Marchal, curé de Crion, les ayant vus tous deux, dans sa paroisse, aux mains des Allemands, s'approcha de son confrère et lui demanda la raison de son arrestation. Celui-ci répondit : « J'ai fait des signes ». Après lui avoir donné un peu de pain, l'abbé Marchal se retira ; mais à peine avait-il fait une trentaine de pas, qu'il entendait une fusillade. C'étaient les deux prisonniers qu'on venait d'exécuter. Le lendemain, un officier qui parlait parfaitement notre langue, et qui disait avoir été, pendant huit ans, attaché à l'ambassade d'Allemagne à Paris, déclara à l'abbé Marchal que le curé de Deuxville avait fait des signes, et l'avait avoué. « Quant au maire, ajouta-t-il, le pauvre diable, je crois bien qu'il n'avait rien fait. »

A Maixe, les Allemands ont incendié trente-six maisons, et ont massacré, toujours sous le prétexte qu'on avait tiré sur eux, les sieurs Gauçon, Demange, Jacques, Thomas, Marchal, Chaudre, Grand, Simonin, Vaconet, et la dame Beurton. Gauçon, arraché de chez lui, fut précipité sur un tas de fumier, où un soldat le tua d'un coup de fusil au ventre. Demange, blessé aux deux genoux, dans sa cave, parvint à se traîner jusqu'à sa cuisine. Les Allemands mirent le feu à la maison, empêchèrent la dame Demange de porter secours à son mari et laissèrent brûler leur victime dans l'immeuble incendié.

Mme Beurton était, elle aussi, dans sa cave, avec sa famille, quand deux soldats, dont l'un portait une lanterne et l'autre un fusil, y descendirent. Le second tira au hasard sur le groupe et atteignit la malheureuse femme. Vaconet fut frappé d'une balle au côté, au pied de l'escalier du sieur Rediger ; quant à Simonin, il fut emmené dans la direction de Drouville. Quelques jours après, une note faisant connaître qu'il avait été fusillé et que ses dernières vo-

lontés étaient consignées dans un document placé entre les mains du commandant général de la 3e division bavaroise, fut remise par un officier allemand à M. Thouvenin, conseiller municipal de la commune. Cette note, dont une copie nous a été délivrée, porte la signature d'un officier du 3e régiment de chevau-légers. Les autres victimes de Maixe ont reçu la mort dans des circonstances qu'il ne nous a pas été possible de préciser.

Dans le même village, la demoiselle X..., âgée de vingt-trois ans, a été violée par neuf Allemands pendant la nuit du 23 au 24 août, sans qu'un officier qui couchait au-dessus de la chambre dans laquelle se passait cette ignoble scène, jugeât à propos d'intervenir, bien qu'il entendît certainement les cris de la jeune fille et le bruit fait par les soldats.

Le château de Beauzemont a été envahi le 22 août. Vers le quinzième jour de l'occupation, sont arrivées des automobiles dans lesquelles étaient installées plusieurs femmes d'officiers de l'état-major allemand. On y a chargé tout ce qui avait été volé dans le château, notamment de l'argenterie, des chapeaux et des robes de soie. Le 21 octobre, le lieutenant-colonel commandant le ...e régiment d'infanterie française a pris possession de cet édifice. Il l'a trouvé dans un état de désordre et de saleté répoussant. Les meubles étaient ouverts et fracturés, le plancher de la salle de billard était couvert de matière fécale. Dans la chambre à coucher, qui avait été habitée par le général allemand chef de la 7e division de réserve, régnait une odeur infecte. Le placard placé à la tête du lit contenait du linge de toilette et des rideaux de mousseline, remplis d'excréments.

A Baccarat, l'armée ennemie n'a massacré personne, mais elle a effectué, le 25 août, un pillage général après avoir, pour pouvoir opérer plus tranquillement, donné l'ordre à la population de se rassembler à la gare. Ce pillage a été dirigé par les officiers. Des meubles, des meubles divers et des objets d'art furent enlevés ; puis, quand les habitants furent rentrés chez eux, on leur enjoignit de nouveau d'en sortir au bout d'une heure, en les prévenant qu'on allait procéder à l'incendie de la ville. En effet, tout le centre de l'agglomération fut la proie des flammes. Le feu, qui fut mis à l'aide de torches et de pastilles, dévora cent douze immeubles. Quatre ou cinq seulement furent incendiés par les obus. Après la sinistre, des sentinelles empêchèrent les propriétaires d'approcher des ruines de leurs habitations et quand les décombres furent refroidis, les Allemands les fouillèrent eux-mêmes pour dégager les entrées des caves. Après cette opération, le général Fabricius, commandant l'artillerie du XIVe corps badois, dit à M. Renaud, qui faisait fonctions de maire : « Je ne croyais pas qu'il y avait autant de vins fins à Baccarat. Nous en avons pris plus de 100,000 bouteilles. Il est juste d'ajouter qu'à la cristallerie, no-

emis ont bien voulu faire preuve d'une
aine probité relative, car ils se sont
és, tout en jouant avec leurs revolvers,
iger sur le prix des marchandises dont
o sont rendus acquéreurs, des réduc-
s de 50 à 75 p. 100.

Jolivet, le 22 août, le sieur Villemin sor-
de la maison de M. Cohan, avec celui-ci
n sieur Richard, quand des soldats
illirent ce dernier. Atteint d'un coup de
se à la tête, Richard tomba, tandis que
n rentrait précipitamment chez lui.
s avoir suivi pendant un instant Ri-
, que ses agresseurs emmenaient, Vil-
n alla soigner son bétail. Vers cinq
es du soir, il sortit pour se rendre chez
oisin, mais il fut immédiatement arrêté
sillé. Les assassins lancèrent son corps
un jardin, par-dessus une palissade.

25, dans la même commune, le logis
ma Morin, rentière, a été pillé. Les Alle-
ds y ont dérobé du linge, de l'argente-
les fourrures et des chapeaux. Le sur-
main, ils ont incendié la maison en
mant des fragments de bois provenant
isses d'emballage.

Bonvillers, les 21, 23 et 25 août, ils ont
e feu à vingt-six immeubles, en se ser-
de pétards et de bougies.

Einville, le 22 août, jour de leur arrivée,
nt fusillé un conseiller municipal,
ierson, qu'ils accusaient mensongère-
d'avoir tiré sur eux. Il ont également
uté sans motif les sieurs Bouvier et
clin, qu'ils avaient emmenés à proximité
commune. Ils ont aussi massacré un
nnier nommé Pierrat, qu'ils avaient
ré porteur d'un sac contenant un éper-
et un fusil démonté Le malheureux a
par eux, odieusement martyrisé. Après
ir traîné hors du village, ils l'ont ra-
se devant chez la dame Famose. Cette
ne l'a vu passer au milieu d'eux. Il
le nez presque tranché. Ses yeux
ut hagards, et, selon l'expression de
in, il semblait avoir vieilli de dix ans
a quart d'heure. A ce moment, un offi-
a donné un ordre, huit soldats sont
lus sans lui, dix minutes après, l'un
a dit, en français : « Il était mort
t. »

Dieudonné, maire d'Einville, a été em-
comme otage, avec son adjoint et un
de ses concitoyens, le 12 septembre,
es troupes ennemies, au moment où
ont battu en retraite Elles l'ont en-
en Alsace, puis en Allemagne, où on
rdé jusqu'au 24 octobre, ainsi que ses
agnons. Avant son arrestation, et pen-
un combat qui avait lieu autour de sa
une, M. Dieudonné avait été obligé,
ré ses protestations, de requérir plu-
s de ses administrés pour procéder à
umation des morts. Trois des habitants
ville, employés de force à cette beso-
ont été blessés par des balles ; un
, le sieur Noël, a été tué par un éclat
s.

ferme de Remonville, située sur le

---

territoire du même village, a été incendiée. Les femmes ont pu se sauver. Quant
aux quatre hommes qui travaillaient dans
ce domaine, ils ont dû être tous assassinés.
Les cadavres de deux d'entre eux, Victor
Chaudre et Thomas Prosper, ont été retrouvés, deux mois plus tard, enterrés ensemble
à proximité des bâtiments brûlés. Tous deux
étaient décapités et la tête de Thomas était
broyée.

A Sommerviller, le passage de l'ennemi,
le 23 août, a été marqué par le pillage des
cafés, des épiceries, ainsi que de plusieurs
maisons particulières, et par le meurtre des
sieurs Robert, âgé de soixante-dix ans, et
Harau, âgé de soixante-cinq ans, qui ont été
tués à coups de fusil. Le second, au moment
où il a reçu la mort, était tranquillement en
train de manger un morceau de pain.

A Rehainviller, le 26 août, les Allemands
ont empoigné dans la rue le curé Barbot
ainsi que le sieur Noircler. Les cadavres de
ces deux hommes ont été retrouvés long-
temps après, enterrés dans les champs, à
quelques centaines de mètres du village.
Leurs corps étaient en pleine décomposition. On n'a pas pu, pour cette raison, relever
les blessures que le curé avait reçues ;
quant à Noirclor, sa tête était placée dans la
fosse à côté du reste de son corps, à la hauteur de la hanche.

Dans cette commune, 27 maisons ont été
brûlées. On n'a pas vu mettre le feu, mais
on a ramassé, après le sinistre, un certain
nombre de baguettes fusantes dont les Allemands se servent fréquemment pour allu-
mer l'incendie, et que les paysans appellent
des macaronis.

A Lamath, le 24 août, les Bavarois ont fusillé un vieillard de soixante-dix ans, le
sieur Louis, qui était sorti devant sa porte
pour satisfaire un besoin naturel. Le malheureux a reçu au moins dix balles dans la
poitrine. Son gendre, qui est atteint d'une
tuberculose avancée, a été pris et emmené.
On n'a de lui aucune nouvelle. Deux autres
habitants de la commune, qui ont été faits
prisonniers en même temps que lui, sont
actuellement retenus en Bavière.

M. l'abbé Mathieu, curé de Fraimbois, a
été arrêté, le 29 août, sous le prétexte faux
qu'on avait tiré sur les Allemands dans sa
paroisse. Au cours de sa captivité, qui a
duré seize jours, il a assisté à l'assassinat
de deux de nos compatriotes, M. Poisson-
nier, de Gerbéviller, et M. Victor Meyer, de
Fraimbois. Le premier, un infirme qui se
tenait à peine sur ses jambes, était accusé
d'avoir suivi les armées pour se livrer à
l'espionnage ; le second avait été arrêté
parce que sa fillette avait ramassé un morceau de fil téléphonique brisé par des
shrapnells. Un matin, vers six heures, les
officiers bavarois procédèrent à un simu-
lacre de jugement, en lisant un document
rédigé en allemand et en faisant voter huit
ou neuf jeunes lieutenants auxquels on
avait remis des bulletins. Condamnés à
l'unanimité, les deux hommes furent avertis
qu'ils allaient mourir, et le prêtre fut invité

à leur donner les secours de la religion. Ils
protestèrent de leur innocence, en suppliant
et en pleurant, mais on les contraignit à
s'agenouiller contre un talus de la route, et
un peloton de vingt-quatre soldats, placés
sur deux rangs, fit feu sur eux, par deux
fois.

Le village de Fraimbois a été pillé et les
objets volés ont été chargés sur des voitures. L'abbé Mathieu, s'étant plaint au gé-
néraux Tanner et Clauss de l'incendie de
son rucher, reçut du premier cette simple
réponse : « Que voulez-vous ? C'est la
guerre ! » Le second ne lui répondit même pas.

A Mont, trois maisons ont été brûlées
avec du pétrole. A Hériménil, le 29 août,
l'ennemi, qui s'était arrivé le 24, s'est rendu
coupable de faits monstrueux. Les habitants
ont été invités à se rendre dans l'église et y
ont été maintenus pendant quatre jours,
tandis que leurs maisons étaient pillées, et
que les Français bombardaient le village.
Vingt-quatre personnes ont été tuées par
un obus, à l'intérieur de l'édifice. Comme
une femme qui avait pu, à grand'peine, sortir de l'église, revenait avec un peu de lait
pour les enfants, un capitaine, furieux de
voir qu'on avait laissé passer cette prison-
nière, s'écria : « Je ne voulais pas qu'on
ouvrit la porte. Je voulais que les Français
tirassent sur leur propre peuple. » Ce même
capitaine venait d'ailleurs de commettre,
peu de temps auparavant, un acte de cruauté
révoltant. Ayant assisté, le monocle à l'œil,
à la sortie jugée par lui trop lente de
Mme Winger, jeune femme de vingt-trois
ans, qui, pour obéir à l'ordre général, se
dirigeait vers l'église, avec ses domestiques,
une fille et deux jeunes hommes âgés tous
trois de dix-huit ans, il avait, par un mot
bref, commandé aux soldats de faire feu,
et les quatre victimes s'étaient abattues,
mortellement frappées. Les Allemands laissèrent les cadavres dans la rue pendant
deux jours.

Le lendemain, ils fusillèrent le sieur Boc-
quel, qui, ignorant les instructions données,
était resté dans sa maison. Ils tuèrent également chez lui M. Florentin, âgé de soixante-
dix-sept ans. Ce vieillard, qui reçut plusieurs balles dans la poitrine, fut probable-
ment massacré à cause de sa surdité qui
l'empêcha de comprendre les exigences de
l'ennemi.

Dans cette commune, vingt-deux maisons
ont été brûlées avec du pétrole. Avant de
mettre le feu à celle de la dame Combeau,
des soldats, en piochant le sol de la cave,
ont déterré une somme de 600 fr., qu'ils se
sont appropriée.

Le 23 août, le jeune Simonin, âgé de
quinze ans et demi, demeurant à Hadiviller,
revenait de Dombasle, quand les Allemands,
après l'avoir mis en joue, s'emparèrent de
sa personne. Ils commencèrent par le rouer
de coups, puis il fut emmené par un soldat
sur l'ordre d'un officier. Chemin faisant, il
aperçut à une cinquantaine de mètres de
lui son père qui l'appelait. Son gardien l'at-
tacha alors à un poteau télégraphique, et fit

feu sur Simonin père qui tomba en vomissant le sang, et expira presque sur-le-champ. Le jeune homme put, pendant ce temps, se dégager de ses liens, et parvint à prendre la fuite, non sans avoir essuyé plusieurs coups de fusil, dont l'un lui déchira sa veste.

A Magnières, où un immeuble seulement fut brûlé, un Allemand armé de son fusil pénétra, vers la fin du mois d'août, dans la maison du sieur Laurent, et obligea la jeune ..., âgée de douze ans, qui y était réfugiée, à l'accompagner dans une chambre. A deux reprises il la viola, malgré les plaintes et les cris qu'elle ne cessait de faire entendre. La pauvre petite était absolument terrorisée. Le soldat, du reste, était si menaçant que le sieur Laurent n'osa pas intervenir.

A Croismare, le 25 août, quand les Allemands durent battre en retraite, furieux de leur échec, ils se mirent à tirer sur toutes les personnes qu'ils rencontrèrent. Un officier de uhlans, après avoir tué, d'un coup de revolver, dans les champs, le sieur Kriegel qui était allé arracher des pommes de terre, aperçut MM. Matton et Barbier revenant de leur travail. S'étant approché d'eux, sur son cheval, il leur ordonna de s'arrêter et de se placer contre un talus. Les deux paysans pensèrent d'abord qu'il voulait ainsi les mettre à l'abri des coups de fusil qui éclataient de divers côtés, mais leur illusion se dissipa, quand ils le virent charger son revolver. Au cours de cette opération, trois cartouches tombèrent et le uhlan donna à Matton et à Barbier l'ordre de les ramasser. Ce dernier, en lui remettant une, lui dit : « Ne nous faites pas de mal, nous venons de travailler dans les champs. » — « Nicht pardon, cochon de franzose, répondit l'officier, caput », et il fit feu à deux reprises. Matton, qui s'était brusquement effacé, ne fut, grâce à ce mouvement, atteint qu'à l'épaule droite, au lieu de l'être en pleine poitrine. Quant à Barbier, une balle lui traversa les deux pouces et lui laboura l'index gauche.

A Réméréville, le 7 septembre, l'ennemi, prétendant faussement que du clocher les habitants avaient tiré sur lui, a mis le feu aux maisons à l'aide de fusées. Quelques immeubles seulement ont échappé aux flammes. Avant d'être incendié, le village a été bombardé par les Allemands, qui ont pris particulièrement pour objectif une ambulance dont ils voyaient parfaitement le drapeau.

La commune de Drouville, occupée deux fois, a été fortement pillée. Le 5 septembre, l'envahisseur y a brûlé trente-cinq maisons, à l'aide de torches et, sans doute aussi, avec du pétrole, car il a abandonné sur les lieux un bidon qui en contenait vingt-cinq ou trente litres.

A Courbesseaux, il y eut également, le 5 septembre, incendie et pillage. Dix-neuf maisons ont été brûlées. Le sieur Alix, qui s'efforçait d'éteindre le feu allumé chez lui,

dans un amas de luzerne, essuya plusieurs coups de fusil et fut obligé de se sauver.

Enfin, le 23 août, à Erbéviller, un capitaine saxon trouva un moyen très pratique de se procurer de l'argent. Ayant fait rassembler tous les hommes du village, il tenta vainement, d'abord en les menaçant de les faire fusiller, d'obtenir de quelqu'un d'entre eux la déclaration qu'on avait tiré sur ses sentinelles, bien qu'il sût pertinemment que le fait n'était pas exact ; puis il les enferma dans une grange. Dans la soirée, il fit venir la femme du sieur Jacques, ancien instituteur, l'un des prisonniers, et lui dit : « Je ne suis pas certain que ce soient ces hommes qui aient tiré. Ils seront libres demain matin. Sur sa demande, il lui en fut délivré un reçu, et les otages furent mis en liberté.

Le récépissé rédigé par l'officier est ainsi conçu : « Erbéviller, 23 août 1914. Quittance. *Pour pénitence d'être suspect* d'avoir tiré sur des sentinelles allemandes, dans la nuit du 22-23 août, j'ai reçu de la commune Erbéviller 1,000 fr. (mille francs).

« Baron (illisible) haupt. reit. regim. »

Dans une commune du département de Meurthe-et-Moselle, deux religieuses ont été, pendant plusieurs heures, exposées sans défense à la lubricité d'un soldat qui, en les terrorisant, les a obligées à se dévêtir, et, après avoir contraint la plus âgée à lui enlever ses bottes, s'est livré sur la plus jeune à des pratiques obscènes. Les engagements que nous avons pris ne nous permettent pas de faire connaître les noms des victimes de cette scène abominable, ni celui du village dans lequel elle a eu lieu, mais les faits nous ont été révélés sous la foi du serment, par des témoins dignes de la plus entière confiance, et nous prenons la responsabilité d'en certifier l'exactitude.

Pendant nos séjours à Nancy et à Lunéville, nous avons eu l'occasion de recevoir plusieurs témoignages, relatifs à des crimes commis par les Allemands, dans des localités que leurs troupes occupaient encore, et que la plupart des habitants avaient dû évacuer. Les plus cruels de ces faits ont eu pour théâtre le village d'Emberménil. A la fin d'octobre, ou au commencement de novembre, une patrouille ennemie ayant rencontré dans les environs de cette commune une jeune femme, Mme Masson, dont l'état de grossesse était très apparent, l'interrogea sur le point de savoir s'il n'y avait pas de soldats français à Emberménil. Elle répondit qu'elle l'ignorait, ce qui était vrai. Les Allemands étant alors entrés dans le village, y furent reçus à coups de fusil par les nôtres. Le 5 novembre, un détachement du 4e régiment bavarois arriva, et rassembla tous les habitants devant l'église, puis un officier demanda quelle était la personne qui avait trahi. Soupçonnant qu'il pouvait s'agir de cette rencontre qu'elle avait faite quelques jours auparavant, et se rendant compte du danger que couraient ses

compatriotes, Mme Masson, très courageusement, s'avança, répéta ce qu'elle avait affirma qu'en le disant elle avait bonne foi. Immédiatement saisie, contrainte de s'asseoir sur un banc, du jeune Dime, âgé de vingt-quatre ans avait été pris au hasard, comme victime. Toute la population demanda grâce pour l'infortunée, mais les Allemands furent inflexibles. « Un homme est l'ordre du colonel. Que voulez-vous, c'est la guerre. » Huit soldats, placés sur deux rangs, firent alors feu à trois reprises sur les deux martyrs, en présence de tout le village. La maison du beau-père de Mme Masson fut ensuite livrée aux flammes. Celle du sieur Blanchin avait été incendiée quelques instants auparavant.

La dame Millot, de Domèvre-sur-Vezouse, nous a fait le récit du meurtre qui fut commis sur la personne de son fils Maurice Claude, âgé de dix-sept ans, dont elle a été le témoin oculaire. Le 24 au moment de l'arrivée des Allemands à Domèvre, ou au bas d'un escalier, dans la maison de ses parents, quand il s'aperçut que des soldats se mettaient en joue, de la rue. Il fit quelques pas pour se garer, mais il reçut se mettre à l'abri, il fut atteint de plusieurs balles. Blessé au ventre, à la fesse et à la cuisse, il succomba trois jours plus tard, après avoir fait preuve d'une admirable résignation. Quand il se sentit perdu, il dit à sa mère désolée : « Je puis bien mourir pour mon pays ».

Le même jour, les sieurs Auguste et Adolphe Claude, ce dernier âgé de soixante-quinze ans, furent également tués et cent trente-six maisons du village furent brûlées au moyen de cartouches incendiaires. Enfin deux habitants, les sieurs Breton et Labart, furent tués comme otages. On ne sait ce qu'ils sont devenus depuis.

M. Véron, ancien instituteur à Audun-le-Roman, arrondissement de Briey, a déposé devant nous, dans les termes suivants :

« Le 24 août, vers cinq heures du soir les Allemands, qui occupaient depuis sept jours le village d'Audun-le-Roman mirent, sans motif, à tirer sur nous des coups de fusil et de mitrailleuses. Des femmes, Mlle Roux, Mlle Tréfel, Mme Giglio ont été blessées. Mme ... a été atteinte pendant qu'elle donnait à boire à un soldat allemand. Trois hommes ont été tués : M. Martin, cultivateur, soixante-dix-huit ans, dont la maison, brûlée, a été emmené hors de cette, fusillé dans la rue, en présence de sa femme et de ses enfants. M. Chary, cinquante-cinq ans, chef cantonnier, devant l'incendie, en tenant sa femme par la main, quand il a été tué à coups de fusil. J'ai vu son cadavre, qui était couvert de blessures. M. Samen (Ernest), frappé de cinq balles de revolver au moment où il était en train de fermer la porte de sa remise.

« J'ai vu l'ennemi mettre le feu au café Matte, avec du pétrole. Mme Matte étant sortie, ayant à la main un petit sac qui contenait ses économies, environ 2,000 fr., a été dévalisée par un officier allemand, qui lui a arraché son sac. »

Le témoin a ajouté que le maire avait dû être enlevé par une patrouille, qu'en tout cas, il avait disparu.

A Arracourt, le sieur Maillard a été tué dans les champs, par une balle qui l'a traversé de part en part, et cinq maisons ont été incendiées.

Le village de Brin-sur-Seille a été presque entièrement détruit par le feu, allumé avec des cartouches et des rondelles fusantes.

Enfin la femme d'un mobilisé de Raucourt, la dame X..., nous a déclaré qu'elle avait été violée chez elle, en présence de son petit garçon, âgé de trois ans et demi, par un soldat qui lui avait mis la pointe de sa baïonnette sur la poitrine, pour vaincre la résistance qu'elle lui opposait.

OISE

Dans le département de l'Oise, nous avons relevé les faits suivants :

Quand les Allemands pénétrèrent, le 31 août, dans le village de Monchy-Humières, un groupe d'une quinzaine de personnes se tenait dans la rue et les regardait arriver. Aucun acte de provocation ne fut tenté à l'égard de l'envahisseur, mais un officier crut entendre quelqu'un prononcer le mot « Prussien ». Aussitôt, il fit sortir trois dragons de la colonne, et leur ordonna de tirer : Le jeune Gaston Dupuis fut tué, le sieur Grandvalet eut l'épaule droite traversée par une balle, et une petite fille de quatre ans, appartenant à une famille de réfugiés originaire de Verdun, fut légèrement blessée au cou.

Le lendemain, la commune de Ravenel fut pillée, et les objets volés furent emportés dans une voiture. Le nommé Vilette, qui passait à bicyclette sur une route, à proximité du village, rencontra une automobile, montée par plusieurs Allemands. Ceux-ci se mirent à tirer sur lui, sans raison. Il sauta alors à bas de sa machine, et prit la fuite à travers champs, mais une balle l'arrêta dans sa course. Il est mort quelques heures après, laissant une veuve et deux enfants.

Le même jour, près de Méry, l'ennemi ouvrit le feu sur des pièces d'artillerie anglaise qui étaient en batterie au lieu-dit « le Bout de la ville », et un combat s'engagea entre les corps de cavalerie des deux armées. A ce moment, les Allemands envahirent la sucrerie, qui est située dans une dépendance de la commune. Ils se saisirent du directeur, de sa famille, ainsi que de tout le personnel de l'usine, et pendant trois heures que dura l'engagement, ils les firent marcher parallèlement à eux, pour se protéger contre la fusillade qui les prenait de flanc. Parmi les vingt-cinq personnes qui furent si dangereusement exposées, se trouvaient des femmes et des enfants. Une ou-

vrière, Mme Jeansenne, fut tuée, et le contre-maître Courtois reçut une balle qui lui traversa le bras gauche. A dix heures du soir, l'ennemi revint en force dans le village. Il en partit le lendemain, après avoir brûlé une maison, et avoir opéré un pillage général.

Le 2 septembre, il fit son entrée à Senlis où il fut accueilli à coups de fusil par des troupes d'Afrique. Prétendant que c'étaient des civils qui avaient tiré sur lui, il mit le feu à deux quartiers de la ville. Cent cinq maisons furent brûlées de la manière suivante : les Allemands arrivaient en colonne dans les rues; au coup de sifflet d'un officier, certains d'entre eux sortaient des rangs, pour enfoncer les portes des habitations et les devantures des magasins; d'autres venant ensuite allumaient l'incendie avec des grenades et des fusées; enfin, des patrouilles qui les suivaient lançaient avec leurs fusils des projectiles incendiaires dans les immeubles où le feu ne prenait pas assez vite.

Tandis que nos soldats tiraient aux abords de la ville, les otages emmenés dans les rues par les Allemands, qui suivaient prudemment les trottoirs, étaient contraints à marcher au milieu de la chaussée. Le sieur Levasseur, la dame Dauchy et sa petite fille, âgée de cinq ans, les sieurs Pinchaux, Minouflet, et Leymarie, furent au nombre des otages qu'on exposa ainsi à la mort. Près de l'hôpital, Levasseur fut tué. Bientôt Leymarie tomba à son tour, mortellement frappé. En le transportant au pied d'un mur, Minouflet fut atteint d'une balle au genou. Un officier s'approcha de lui, demanda qu'il lui fit voir sa blessure, et soudain, lui tira à bout portant un coup de revolver dans l'épaule. Au même endroit, un témoin vit un autre officier en train de martyriser un soldat français blessé, en lui portant des coups de bâton au visage.

Pendant ce temps, plusieurs meurtres sont commis. Le sieur Simon est traîné hors de chez lui, et tué d'un coup de fusil au côté. A deux heures, des Allemands enfoncent la porte de la maison du sieur Mégret. Celui-ci s'avance, promet de leur donner tout ce qu'ils demanderont, et leur apporte dix bouteilles de vin. Il est assassiné d'un coup de feu en pleine poitrine. Les sieurs Ramu, Vilcoq, Chambellant et Gaudet, poussés par la curiosité, sont allés regarder l'incendie du magasin à fourrages, auquel les troupes françaises ont mis le feu en se retirant. Des soldats ennemis tirent sur eux, à plusieurs reprises. Ramu est blessé, Gaudet est tué raide, Chambellant reçoit deux balles, l'une à la main droite, l'autre au-dessous de l'aine, et il en meurt au bout de huit jours. Les sieurs Simon, Ecker, Chery, Leblond, Rigauld, Louis et Momus sont également tués dans Senlis.

A trois heures, le maire, M. Odent, est arrêté à l'hôtel de ville, sous le prétexte, contre lequel il proteste, que des civils auraient tiré sur les troupes allemandes. Pendant qu'on l'emmène, le secrétaire de

mairie le rejoint auprès de l'hôtel du Grand-Cerf, et lui propose d'aller chercher les adjoints. « C'est inutile, répond-il, ce sera assez d'une victime. » Conduit à Chamant, le magistrat, pendant le trajet, est l'objet de brutalités odieuses. On lui arrache ses gants, pour les lui jeter au visage, on lui prend sa canne et on l'en frappe violemment à la tête. Enfin, vers onze heures, on le fait comparaître devant trois officiers. L'un d'eux l'interroge, persiste à l'accuser d'avoir tiré ou fait tirer sur les Allemands et le prévient qu'il va mourir. M. Odent s'approche alors de ses compagnons de captivité, leur remet ses papiers et son argent, leur serre les mains et, très dignement, leur fait ses adieux. Il revient ensuite auprès des officiers. Sur l'ordre de ceux-ci, deux soldats l'entraînent à une dizaine de mètres et lui mettent deux balles dans la tête. Les meurtriers creusent ensuite légèrement le sol et jettent sur le cadavre une couche de terre si mince que les pieds n'en sont pas recouverts. Quelques heures auparavant, à 200 mètres de là, six autres habitants de Senlis, les sieurs Pommier, Barbier, Aubert, Cottereau, Rigault Arthur et Dewert avaient été fusillés et enterrés.

Dans la même soirée, le sieur Jeandin, boulanger, arrêté à trois ou quatre heures de l'après-midi sans motif, puis conduit par le 49e régiment poméranien d'infanterie à Villers-Saint-Frambourg, y était attaché à un poteau de pâture et lardé de coups de baïonnette.

Il va de soi que la ville de Senlis a été pillée. Tandis qu'il mettait à sac les maisons, l'ennemi se plaisait à exciter les mauvais instincts de la populace, en appelant des femmes de condition misérable pour leur donner une part du butin.

A Villers-Saint-Frambourg, la femme X... fut violée par un soldat qui s'était introduit chez elle. Après l'attentat, elle se réfugia chez les voisins. La précaution était utile, car de nombreux camarades de l'agresseur firent irruption dans la maison, et furieux de n'y pas rencontrer la victime qu'ils cherchaient, brisèrent les vitres et s'emparèrent des poules, des lapins et du porc, qu'ils trouvèrent dans les dépendances de l'habitation.

Le 3 septembre, à Creil, sous la direction d'un capitaine qui avait voulu contraindre les sieurs Guillot et Demonts à lui indiquer les demeures des plus riches propriétaires, les Allemands se répandirent dans les maisons, en brisant portes et fenêtres et s'y livrèrent au pillage, avec la complicité de leurs chefs, auxquels ils venaient à chaque instant montrer les bijoux dont ils s'étaient emparés. Demonts et Guillot furent ensuite conduits dans la campagne, où ils rejoignirent une centaine d'habitants de Creil, de Nogent-sur-Oise, et des environs. Tous ces prisonniers durent subir la honte et la douleur de travailler contre la défense de leur patrie, en coupant un champ de maïs qui pouvait gêner le tir de l'ennemi, et en creusant des tranchées destinées à abriter les Allemands. Durant sept jours, on la garda sans leur donner de nourriture. Des femmes du pays purent, heureusement, les ravitailler un peu.

Pendant ce temps, dans la ville, plusieurs personnes étaient mises à mort. Le sieur Parent, qui se sauve, est tué, rue Victor-Hugo, par le coup de feu d'un uhlan. Dès qu'il est tombé, des cavaliers se précipitent sur lui, pour fouiller ses vêtements. Le sieur Alexandre a le crâne défoncé, au carrefour de la rue Gambetta et de la rue Carnot. Des Allemands entrent chez le sieur Brèche, débitant de boissons. Trouvant sans doute qu'il ne les sert pas assez vite, ils s'entraînent dans la cour de la dame Egasse, sa voisine, où un officier, qui l'accuse d'avoir tiré sur des soldats, ordonne, malgré ses dénégations, qu'il soit fusillé sur-le-champ. Mme Egasse essaye de fléchir les bourreaux, mais elle reçoit l'ordre brutal de se retirer. De la chambre où elle s'est rendue, elle entend les détonations, et elle voit par la fenêtre le corps de Brèche étendu sur le sol. Quand elle est descendue, elle ne peut s'empêcher d'exprimer le chagrin qu'elle ressent. L'officier lui dit alors : « Un homme mort, nous n'y faisons pas attention, on en voit tant! D'ailleurs, partout où l'on tire sur nous, nous tuons et nous brûlons. »

Un jeune homme, nommé Odener, chargé d'un sac de riz, avait été amené de Liancourt jusqu'à Creil. En arrivant sur la place de l'Église, exténué par la fatigue et par les mauvais traitements qu'il a endurés, il se débarrasse de son fardeau et tente de se sauver. Deux soldats l'ajustent, font feu et l'abattent. Un nommé Lebœuf, qui avait été son compagnon de captivité, est mort à Creil, au bout de quelques jours, à la suite d'une blessure reçue en route.

L'armée du général von Kluck est arrivée le 2 septembre à Crépy-en-Valois et a défilé pendant quatre jours. La ville a été complètement pillée, sous les yeux des officiers. Les bijouteries, notamment, ont été dévalisées.

Dans une maison où logeait un général commandant, avec une douzaine d'officiers d'état-major, des vols importants de bijoux et de linge fin ont été commis. Presque tous les coffres-forts de Crépy ont été éventrés.

C'est le 3 du même mois, à Baron, qu'un artiste de grand talent, le compositeur Albéric Magnard, tira deux coups de revolver sur une troupe qui venait envahir sa propriété. Un soldat fut tué et un autre blessé. Les Allemands qui, dans tant d'endroits, s'étaient livrés sans motif aux pires cruautés, se contentèrent de brûler la villa de leur agresseur. Celui-ci se suicida pour ne pas tomber entre leurs mains. La commune, néanmoins, fut pillée. M. Robert, notaire, volé de ses bijoux, de son linge et de quatorze cent soixante et onze bouteilles de vin, fut contraint d'ouvrir son coffre-fort, et de laisser un officier s'emparer de 8,300 fr. que ce meuble contenait. Dans la soirée, il vit un autre officier qui portait

aux doigts neuf bagues de femme, et dont les bras étaient ornés de six bracelets. Deux soldats lui racontèrent d'ailleurs que quand ils apportaient à leurs chefs un bijou quelconque, ils recevaient une prime de 4 marks.

Dans cette commune, Mme X..., jeune femme des plus honorables, fut violée successivement par deux soldats, en l'absence de son mari, qui est mobilisé. L'un de ces deux hommes dévalisa une armoire, pendant que son camarade, après lui, consommait son attentat.

A Mesnil-sur-Bulles, dans la soirée du 4 septembre, trois Allemands, dont deux étaient arrivés en voiture et le troisième à bicyclette, se présentèrent chez l'adjoint, le sieur Queste (Gustave). Celui-ci ne pouvant les comprendre, pria son cousin, M. Queste, professeur au lycée d'Amiens, de lui servir d'interprète. Après avoir rempli cet office, le professeur rentra chez lui. Au bout de quelques instants, ayant entendu une détonation, il sortit pour se rendre compte de ce qui se passait. Il se trouva alors en présence d'un des trois soldats auxquels il venait de parler dans la maison de son parent. Cet homme, qui était en état d'ivresse, tira sur lui et le tua.

Les trois mêmes soldats, en passant à Nourard-le-Franc, mirent le feu à sept maisons, avec des torches qu'ils avaient prises dans leur voiture. Quelques heures avant leur arrivée à Mesnil-sur-Bulles, une patrouille de uhlans avait déjà fait une reconnaissance dans cette dernière commune. Des cavaliers étaient entrés chez le sieur Queste (Amédée), en brisant une porte, y avaient fracturé des meubles, et s'étaient emparés de plusieurs bijoux, ainsi que d'une somme de 60 fr.

A Choisy-au-Bac, les Allemands, qui étaient dans le village depuis le 31 août, incendièrent volontairement, le 1er et le 2 septembre, quarante-cinq maisons, sous le prétexte absolument faux qu'on aurait tiré sur eux, et avant de mettre le feu, se sont livrés, en présence de leurs officiers, à un pillage général, dont le produit a été emporté dans des voitures volées aux habitants. Deux médecins militaires, portant le brassard de la Croix-Rouge, ont pillé eux-mêmes la maison de la dame Binder.

Un sieur Morel, ouvrier menuisier, étant dans son jardin, a reçu, d'un soldat qui passait sur la route, un coup de fusil qui l'a atteint à l'aine. Il est mort le lendemain. Quatre jeunes gens ont été pris comme otages, et emmenés le 8 septembre. L'un d'eux a pu s'échapper. Son camarade, René Leclerc, a, dit-on, été fusillé à Besmé (Aisne) ; quant aux deux autres, on ne sait ce qu'ils sont devenus.

A Compiègne, où l'ennemi a séjourné du 31 août au 12 septembre, le château a été relativement épargné ; les vols n'y ont pas été très importants. Un grand nombre d'immeubles ont été pillés. La maison du comte d'Orsetti, située en face du palais, a été littéralement mise à sac, surtout par les

sous-officiers. L'argenterie, les bijoux, les objets précieux, amenés dans la cour du château, étaient vérifiés, enregistrés, et emballés, puis ils étaient chargés dans deux tapissières sur lesquelles avait été placé le drapeau de la Croix-Rouge.

Le capitaine Schroeder, prié de faire cesser le cambriolage et l'orgie scandaleuse qui se déroulaient dans la villa, finit par se rendre sur les lieux ; mais après avoir jeté un coup d'œil dans l'intérieur de la maison saccagée, il se retira en disant : « C'est la guerre, et d'ailleurs, je n'ai pas le temps. »

Le 4 septembre, un soldat étant allé coucher dans une propriété dont la dame X... est concierge, chassa le mari et plusieurs parents de cette femme, en les menaçant de son fusil, puis il obligea Mme X... à demeurer auprès de lui, pendant toute la nuit.

A Trumilly, où ils sont restés du 3 au 4 septembre, les Allemands ont pillé la commune et emporté dans des caissons d'artillerie ainsi que dans des voitures, le produit de leurs vols. Le premier jour, la dame Huet, qui logeait chez elle une partie de l'état-major du 19e régiment de dragons de Hanovre et un assez grand nombre de soldats, vit un sous-officier s'emparer d'un coffret contenant ses bijoux, d'une valeur approximative de 10,000 fr. Elle alla se plaindre au colonel, qui se contenta de lui répondre en souriant : « Je regrette, madame, c'est la guerre ».

Le 3 septembre, les premières troupes étant parties, des traînards restèrent dans le pays. L'un d'eux, soldat au 91e régiment d'infanterie, et sur la médaille duquel était gravé le nom d'Alma, vola chez Mme Huet 115 fr. aux domestiques, 300 fr. à la maîtresse de maison et 400 fr. au sieur Cornillet. S'étant rendu ensuite chez la dame X..., dont le mari est sous les drapeaux, il obligea cette femme à se livrer à lui, en la menaçant de son fusil.

Pendant l'occupation de la commune, M. Cornillet, la victime d'un des vols dont nous venons de parler, a logé chez lui un officier. Après le départ de cet hôte, il a constaté la disparition d'une somme de 150 fr., qu'il avait placée dans l'armoire de la chambre où l'Allemand avait couché. Enfin, le sieur Colas, vieillard de soixante-dix ans, fouillé dans la rue par un soldat, a été dépouillé d'une trentaine de francs.

Un des faits les plus graves qui nous aient été révélés, dans le département de l'Oise, a été commis près de Marquéglise, par un officier d'un grade élevé. Deux jeunes gens de Saint-Quentin, nommés Charlet et Gabet, qui étaient partis de Paris, pour retourner à leur lieu d'origine, dans le but de répondre à l'appel de leur classe, rencontrèrent en chemin deux sujets belges, se rendant à Jemmapes, où ils demeuraient. Ceux-ci leur ayant offert des places dans leur voiture, les quatre hommes firent route ensemble, jusqu'au village de Ressons, où ils furent arrêtés par une troupe allemande. Attachés, puis conduits jusque sur le territoire de

Marquéglise, ils comparurent là devant un officier supérieur qui les interrogea. En apprenant que deux d'entre eux étaient originaires de la Belgique, cet officier déclara que les Belges étaient « de sales gens », puis, sans autre explication, saisissant son revolver, il fit feu successivement sur chacun des prisonniers. Les deux Belges et le jeune Gabet, atteints à la tête, furent foudroyés. Quant à Charlet, blessé à la nuque et à l'épaule droite, il feignit d'être tué, et put, après le départ de l'assassin, se traîner à quelque distance. Avant d'être transporté à Compiègne, où il est mort le lendemain, le malheureux a fait à l'abbé Boulet, curé de Marquéglise, le récit du lâche attentat dont ses compagnons et lui-même avaient été victimes.]

AISNE

Dans les communes du département de l'Aisne que nous avons pu visiter, nous avons relevé surtout des actes de pillage et de nombreux attentats contre les femmes.

A Connigis, le 8 septembre, vers neuf heures du soir, la dame X... fut l'objet de violences graves, de la part de deux Allemands qui s'étaient rendus dans la maison de ses beaux-parents où elle habitait, en l'absence de son mari, parti pour l'armée. L'un d'eux garda le sieur X... père, devant la porte, tandis que l'autre se livrait sur la jeune femme, après l'avoir menacée de son fusil, à des actes d'une obscénité révoltante, en présence de la belle-mère. Ce dernier, son crime accompli, alla remplacer après de X... son camarade qui, à son tour, outragea la victime.

A Brumetz, où l'occupation a duré du 4 au 10, le village a été pillé. Une maison, ainsi que le château de M. de Maleyssie, capitaine à l'état-major du 6e corps d'armée français, ont été incendiés.

A Chierry, le château de Varolles a été brûlé avec des torches et du pétrole. Le feu a été également au château de Parre, après un pillage complet de l'édifice, où des tableaux ont été enlevés de leurs cadres, et où les tapisseries ont été lacérées à coups de sabre.

A Jaulgonne, du 3 au 10 septembre, la garde prussienne a pillé les caves, volé du linge et causé pour 250,000 fr. de dégâts. Elle a, en outre, brûlé une maison, sous le prétexte que le propriétaire avait tiré, alors qu'en réalité il s'était caché tout tremblant dans sa cave.

Deux habitants de cette commune ont été tués. L'un, le sieur Rempenault, âgé de quatre-vingt-sept ans, a été trouvé dans les champs, frappé d'une balle; l'autre, nommé Blanchard, âgé de soixante et un ans, avait été arrêté parce que les Prussiens l'avaient vu, dans la rue, causer avec un chasseur à pied français, qui, après s'être attardé dans le village, avait pu prendre la fuite à bicyclette, et échapper à une vive fusillade dirigée contre lui. Conduit dans une dépendance de Jaulgonne, Blanchard fut tué d'un coup de baïonnette, par un

soldat, puis achevé par un officier, qui lui cassa la tête d'un coup de revolver.

Au Charmel, les Allemands, dès leur arrivée, se sont introduits dans les habitations, en enfonçant les portes. Ils n'ont pas laissé une bouteille de vin dans les caves, et ont pillé principalement les maisons abandonnées, enlevant le linge, l'argent, les bijoux et d'autres objets. Chez l'instituteur, ils ont pris la caisse de la mutualité scolaire, qui contenait 240 fr. Le 3 septembre, ils ont incendié, à onze du soir, le château de Mme de Rougé; et le même jour, l'un d'eux, étant entré chez la dame X..., l'a saisie à la gorge et l'a violée.

A Coincy, le 3 et le 4, ils ont vidé les caves, mis à sac les maisons inhabitées et commis des tentatives criminelles sur plusieurs femmes du village.

A Bezu-Saint-Germain, le 8 septembre, deux soldats cyclistes vinrent à la ferme de ..., et y passèrent une partie de la nuit, après avoir obligé les habitants à aller se coucher, avec défense, sous peine de mort, de bouger, quoi qu'ils entendissent. L'un d'eux alla trouver dans sa chambre la petite domestique, ..., âgée de treize ans, et lui mettant sa main sur la bouche, consomma sur elle un viol complet. Ayant entendu un grand cri, la fille des fermiers se sauva par la fenêtre, et appela les officiers qui logeaient chez un voisin. L'un d'eux descendit, fit arrêter les deux cyclistes, qui, revenant de la ferme, passèrent justement devant lui, et ordonna qu'on les conduisît au quartier général; mais le lendemain, quand la victime fut invitée à reconnaître le coupable et à le désigner, celui-ci avait disparu.

Le 3 septembre, à Crézancy, des soldats firent sortir de chez lui le jeune Lesaint, âgé de dix-huit ans, et un officier le tua d'un coup de revolver. Un des camarades du meurtrier déclara plus tard que cet homicide avait été commis parce que Lesaint était soldat, et sur les dénégations de son interlocuteur, il ajouta : « Il était pour le faire un. » Il dit aussi que le jeune homme s'était fait tuer bêtement, parce qu'il avait, dans l'intention de se sauver, éteint la chandelle qui éclairait sa chambre. Or, cette chandelle avait été non pas éteinte par le malheureux Lesaint, mais déplacée par un soldat qui avait voulu visiter la maison. L'officier, en tout cas, consentit à reconnaître que son camarade « avait tiré trop vite ».

Dans la même localité, le sieur Dupont, gérant du familistère, fut arrêté le 4 septembre, parce qu'il avait essayé de protéger sa caisse contre la cupidité d'un soldat, qui était en train de la dévaliser. Coiffé d'un bonnet de cavalier qu'on lui avait enfoncé jusqu'au menton, et les deux mains liées derrière le dos, il fut le jouet des Allemands qui s'amusèrent à lui faire « monter une pente très raide; en l'accablant de coups et en le piquant avec des baïonnettes, chaque fois qu'il lui arrivait de tomber. Il fut transféré le 6 à Charly-sur-Marne, au

milieu d'un convoi de prisonniers militaires, et le 8, dans la matinée, ses bourreaux, en se retirant, le contraignirent à suivre la colonne. Comme il ne pouvait se traîner par suite des violences qu'il avait endurées, les Allemands le frappaient à coups redoublés et le poussaient, en le tenant sous les bras. A un kilomètre plus loin, ils le tuèrent d'un coup de lance ou de baïonnette au cœur.

A Château-Thierry, où les troupes allemandes ont séjourné du 2 au 9 septembre, le pillage a été effectué sous les yeux des officiers. Plus tard, des médecins militaires qui étaient restés dans la ville, après le départ de leur armée, ayant été compris dans un échange de prisonniers, on ouvrit leurs cantines. Elles contenaient des effets d'habillement provenant du sac des magasins.

Le 5 septembre, la jeune ..., âgée de quatorze ans, rencontrée par un soldat quand elle revenait de chercher du pain pour ses parents, fut entraînée dans la boutique d'un marchand de chaussures et de là dans une chambre où deux autres Allemands rejoignirent le premier. Menacée d'une baïonnette et jetée sur un lit, ... fut violée par deux de ces hommes. Le troisième se disposait à faire comme ses camarades, mais il se laissa toucher par les supplications de l'enfant.

La tante de cette jeune fille, Mme X..., fut elle aussi victime de graves attentats à Verdilly, où sa famille exploite la ferme de ... Après avoir ligoté son mari, quatre soldats, appartenant au corps de l'artillerie lourde, l'ont poursuivie jusque chez un voisin, qu'ils ont terrorisé en le menaçant, et tandis que l'un d'eux la maintenait, les trois autres l'ont successivement violée.

A Hartennes-et-Taux, arrondissement de Soissons, les Allemands ont, comme partout, pillé les maisons. Au hameau de Taux, ils ont allumé de la paille, dont ils avaient bouché les ouvertures d'une cave isolée où s'étaient réfugiés trois habitants qu'ils prenaient pour des soldats. Les trois hommes ont été asphyxiés par la fumée.

FAITS D'ORDRE MILITAIRE

Les faits commis en violation des droits de la guerre, à l'égard des combattants : meurtre des blessés ou des prisonniers, ruses interdites par les conventions internationales, attaques contre les médecins et les brancardiers, ont été innombrables, dans tous les endroits où des combats ont été engagés. Il nous est impossible de constater la plupart d'entre eux, parce que les témoins en sont surtout des militaires, obligés à se déplacer continuellement. Ces actes ont été, du reste, relatés dans des rapports adressés par les chefs de corps à l'autorité militaire, qui pourra les joindre aux documents de notre enquête, si elle le juge à propos. Beaucoup sont aussi attestés par des témoignages que des magistrats ont recueillis dans les hôpitaux, et dont nous opérons en ce moment le dépouillement, en vue de l'établissement d'un rapport complémentaire. Il nous en a été néanmoins révélé à nous-mêmes un certain nombre, au cours de notre information.

A Bar-le-Duc, M. le médecin principal Ferry nous a, à cet égard, rapporté des dépositions recueillies par lui, dans son service. Le sergent Lemerre, du ...e régiment d'infanterie, lui a déclaré que, blessé le 6 septembre, à Rembercourt, d'un éclat d'obus à la jambe, il avait été laissé sur le terrain, pendant huit jours, par les ambulanciers allemands, qui le voyaient parfaitement. Le quatrième jour, sur l'ordre d'un officier qui parcourait le champ de bataille, son revolver à la main, ce sous-officier a été blessé de nouveau d'un coup de fusil par un soldat. Il a d'ailleurs vu, à plusieurs reprises, autour de lui, des brancardiers allemands tirer sur nos blessés.

Le soldat Dreyfus, du ...e régiment d'infanterie, a également raconté au docteur Ferry le fait suivant : atteint d'une blessure, à Somaine, le 10 septembre, il se retirait du champ de bataille, quand il rencontra trois Allemands. Il leur dit, dans leur langue, qu'il venait d'être blessé, mais ces hommes lui répondirent que ce n'était pas une raison pour ne pas recevoir une nouvelle balle, et il en reçut une en effet, à bout portant, dans l'orbite.

A Vaubecourt, un sergent d'infanterie et deux soldats ont été fusillés par l'ennemi, pour le motif qu'un de ces derniers avait été capturé dans le clocher du village, d'où il aurait pu échanger des signaux avec nos troupes.

Le 22 août, un détachement allemand se présenta sur le territoire de Bonvillers (Meurthe-et-Moselle), à la ferme de la Petite Rochelle, où le propriétaire, M. Houillon, avait donné asile à des blessés français. L'officier qui le commandait ordonna à quatre de ses hommes d'aller achever neuf blessés qui étaient étendus dans la grange. Chacun de ceux-ci reçut une balle dans l'oreille. Comme la dame Houillon demandait grâce pour eux, l'officier lui enjoignit de se taire, en lui mettant le canon de son revolver sur la poitrine.

Le 25 août, M. l'abbé Denis, curé de Rémé-réville, a soigné, dans la soirée, le lieutenant Toussaint, sorti le premier de l'école forestière au mois de juillet dernier. Tombé blessé sur le champ de bataille, ce jeune officier avait été frappé à coups de baïonnette par tous les Allemands qui étaient passés auprès de lui. Son corps était criblé de plaies, des pieds à la tête.

A l'hôpital de Nancy, nous avons vu le soldat Voyer, du ...e régiment d'infanterie, qui portait encore les traces de la barbarie allemande. Grièvement atteint à la colonne vertébrale, en avant de la forêt de Champe-noux, le 24 août, et paralysé des deux jambes, par suite de sa blessure, il était resté étendu sur le ventre, quand un soldat allemand l'avait brutalement retourné avec son fusil, et lui avait porté trois coups de crosse sur la tête. D'autres, en passant auprès de lui, l'avaient frappé à coups de crosse et à coups de pied. Enfin, l'un d'eux lui avait, d'un seul coup, fait une plaie au-dessous et à trois ou quatre centimètres de chaque œil, à l'aide d'un instrument que la victime n'a pu distinguer, mais qui, d'après l'opinion de M. le docteur Weiss, médecin principal et professeur à la faculté de Nancy, devait être une paire de ciseaux.

Un hussard, qui a été soigné par ce même docteur, a raconté que, s'étant fracturé la jambe en tombant de cheval, et s'étant trouvé engagé sous sa monture, il avait été assailli par des uhlans qui lui avaient volé sa montre et sa chaîne, et dont l'un, lui ayant pris sa carabine, lui en avait déchargé un coup dans l'œil.

Sept soldats français auxquels M. Weiss a aussi donné ses soins, lui ont affirmé avoir vu les ennemis achever des blessés sur le champ de bataille. Comme ils avaient feint d'être morts pour échapper au massacre, des Allemands leur avaient porté des coups de crosse, afin de reconnaître s'ils étaient encore vivants.

Au même hôpital, un soldat allemand, atteint d'une blessure au ventre, a confié à M. le docteur Rohmer qu'elle lui avait été faite d'un coup de revolver par son officier, parce qu'il avait refusé d'achever un blessé français. Enfin, un autre Allemand, porteur d'une plaie au dos, produite par un coup de feu tiré à bout portant, a déclaré au docteur Weiss que, pour obéir à l'ordre d'un officier, un soldat avait tiré sur lui, afin de le punir d'avoir transporté dans un village situé à proximité du champ de bataille, plusieurs blessés de notre armée.

Le 25 août, à Einvaux, des Allemands ont ouvert le feu à 300 mètres, sur le docteur Millet, médecin-major au ...e régiment colonial, au moment où, aidé de deux brancardiers, il faisait un pansement à un homme couché sur une civière. Comme il leur présentait le côté gauche, ils voyaient parfaitement son brassard. Ils ne pouvaient, d'ailleurs, se méprendre sur la nature de la besogne à laquelle les trois hommes étaient occupés.

Le même jour, le capitaine Perraud, du même régiment, ayant remarqué que les soldats d'une section prise pour objectif par ses mitrailleuses, portaient des pantalons rouges, a donné l'ordre de cesser le feu. Immédiatement, cette section a tiré sur lui et sur ses hommes. Elle était composée d'Allemands déguisés.

Veuillez agréer, monsieur le président, l'assurance de notre respectueux dévouement.

Paris, le 17 décembre 1914.

G. PAYELLE, *Président.*
ARMAND MOLLARD.
G. MARINGER.
PAILLOT, *Rapporteur.*